コロナ危機に打ち勝つ

中小企業の
新しい
資金調達

経営コンサルタント・中小企業診断士

中村 中 著

ビジネス教育出版社

はじめに

　多くの中小企業経営者は、2020年1月に新型コロナウイルスという感染症がマスコミに登場しても、これは「対岸の火事」のような出来事に思っていたのではないでしょうか。将来のリスクかもしれませんが、時間が解決してくれると考えて、自分たちにはそれほどの影響はないものと捉えていたと思われます。それから、約半年が経った頃には、自社の周りも会社の内部も、街の景色も家族の行動も、大きく変わってしまいました。そして、自分たちは、予想もしないような大きな危機の真只中にいることに気付きました。しかも、この新型コロナウイルスが、日本経済ばかりではなく世界経済のパラダイムシフト（大変革）を引き起こしています。オリンピックが1年延期になりましたし、その1年後のオリンピックも絶対にできるか否かも、分からない状況になっています。

　日常生活に目をやれば、インバウンド効果で日本全国に外国人旅行者が溢れ、ホテル・旅館の予約も取れない状況が一変し、海外からの観光客はほとんどいなくなってしまいました。飲食店や娯楽施設では深夜まで押しかけていた来店客が途絶え、発売時刻後数分で売り切れるような蒸発チケットや、地方都市のすべてのビジネスホテルまで予約で一杯にした文化・芸術・スポーツのイベントは、すべて中止になってしまいました。町の賑わいもなくなり、他人とぴったりくっついて身動きもできないような満員電車も、人影はまばらになって車内の座席も人と人との間をあけてゆっくり座れるほどの、がらがら状態になってしまいました。海外の大都市の多くは、ロックアウト（都市封鎖）を行って、厳しい外出規制が実行され、いつもの華やかな都市は、人通りもなくなって、建物だけがまるで無機質の模型のように立ち並んでいました。

　これは、人と人との接触を避けるために自宅待機や、密集・密接・密

閉を避けるいわゆる３密を防止するための日常生活の一場面です。このようなことは、当初は、新型コロナウイルスの感染を防ぐための短期間の我慢ということからスタートしましたが、この感染は第一波の後には第二波、第三波が来ることが分かると、１年以上続くことが皆の共通認識になりました。むしろ、今後は感染症と共存することが、新常態（新しい生活形態）になってしまいました。

　そこで、個人の消費活動は大きく落ち込み、工場の生産活動も一部の稼働のみに抑え込まれ、サプライチェーンも崩れてしまいました。非正規社員やアルバイトの方々は職を失い、正規社員も自宅待機から、退職の動きさえ、警戒するようになりました。経験豊かな中小企業の経営者であっても、何から手を付けてよいか分からず、手元の資金は人件費と家賃にどんどん消えていき、国からの給付金や補助金を待つしかなくなりました。最近までしのぎを削っていたライバル企業のことも考えられず、自分のことや社員のことばかり考えて、多くの経営者は途方に暮れる毎日を過ごすようになって、いつまで持ちこたえることができるのかと、極度の不安に襲われることになってしまいました。金融機関に融資を頼みに行きたくとも、将来の売上予想も作れず、１～２か月先の売上さえ見込めず、一念発起して、コロナ終息後の見通しを明るく予想しても、感染の第二波、第三波が来たならば、その楽観的な見方もできなくなってしまいます。

　しかし、経営者である以上、どんな状況になろうとも、将来のことを考えなければなりません。もう一度、自社の売上増加策を考えますが、マーケットの膨張はなかなか見込めず、社内のコスト削減のリストラ策で時間稼ぎをして、再生のチャンスを見るのかもしれません。転業も視野に入れて、事業承継・M&A・廃業を選択することも考えることになるかもしれませんが、事業承継・M&A・廃業については当面は禁句であり、何とか持ちこたえることが喫緊の課題と思っています。とにかく、

将来への少しの光を見つけることに集中しなければなりません。それには、自社の業界を見渡し、次に隣接する業界まで視野を広げて、自社の強みを生かして、業務を縮小したり廃業する企業の販売ルートを取り込むことまで考えるようになっています。生産性が低く経営者が自信を失った企業との業務提携やM&Aを図りながら、業界の生産性を上げることに注力したり、小さくなってしまった需要を捉えながら、様子見をして、業界全体に対する需要の盛り上がりを待つということも考えざるを得ないのかもしれません。

　さて、新型コロナウイルスは、過去から語り継がれた感染症の一つですが、近年の都市化が進み、人的交流が活発化した経済社会の盲点を突く、極めて扱いづらい厄介な感染症であると思われます。この感染症は、天然痘・はしか・ペスト・エボラ熱などのウイルスと異なり、潜伏期間が十数日あって、しかも、自覚症状が出てくる前に、その感染力が強まる特徴があります。そして、感染者の80％近くの人は症状が出ず、20％の方は重篤になる可能性の高いウイルスです。また、このウイルスの媒介は、駆除が可能な蚊やネズミではなく、人間自身であり、その中でも活動量の大きい若手や壮年期の元気な人々が感染源になる厄介なものです。蚊やネズミを駆除するように、人間を駆除することはできませんので、この感染症の防衛は、人間同士の「３密防止」しかないというものです。

　そして、このウイルスのワクチンができるまでは、新型コロナウイルス危機の発生前の経済活動はできませんし、もしかしたら、ワクチンができても、以前のような経済活動はできず、働き方も営業活動も産業構造も変わってしまうかもしれません。この環境に合わせた、経済活動を続けなければならず、収入も大きく変化してしまうかもしれません。緊急事態宣言の発生前は、都市においては商談・接待などの打合せや、職場への満員電車通勤、また行列をしながらの昼食も当然でしたが、宣言

後は自宅でのパソコンに向かったテレワークと家食ばかりがほとんどに
なってしまいました。そして、この生活は1年以上続くと言われるよう
になり、このウイルスの攻撃が収まった後も、直ちに経済活動は再開で
きず、Ｖ字回復も見込めないと言われています。

　この流れを受けて、資金調達も大きく変わってきます。従来、金融機
関の融資は、融資した金額が事業を通して、利益という果実を伴ってリ
ターンされ、元本と利息が支払われることを前提に、毎月返済や期日返
済するものでした。その融資の期日までは、金融機関は督促することは
なく、「期限の利益」を借り手に与えるという融資ばかりでしたが、その
期限が過ぎれば厳しい取り立てがありました。

　これからは、補助金・助成金・劣後ローン・資本性融資などの返済方
法を定めない資金調達が多くなっていきます。

　また、既存の借入れも1本にまとめて返済金額を圧縮したり、返済猶
予を行う融資も増えていきます。借り手企業が返済金額の緩和を要請す
れば、納得できる理由がある限り、金融機関は承諾してくれることにな
ると思います。取引先企業の手元の資金が枯渇した場合は、資金使途や
返済原資、返済期日の詳細を従来のようには細かく追及しないままに資
金調達に応じてくれるようになるはずです。従来のように、金融機関は
「担保がなくては貸せません」「融資には保証が必須です」「資金使途や返
済財源の証明資料をください」などと言って、いろいろな資料を徴求し
て時間をかけて、おもむろに融資を行うというようなことは通用しなく
なります。

　さらに、今までならば、企業単位・事業単位で資金循環が明確になら
なければ、融資はできませんでしたが、これからは、地域単位・業界単
位など、企業よりも大きな範囲で資金循環が確認できるならば、金融機
関はその資金投入を積極的に検討するようになってくると思います。か
つては、企業単位のみで資金循環が説明でき企業内部の資金で返済の目

途が立たないままに融資したならば、モラルハザードとか、金融秩序を乱すとか、ということで、融資の承認は、原則、認められませんでした。

その上に、金融機関がきっかけで、地域の企業を倒産させることもほとんどなくなりました。まして、その企業の倒産で、地域の雇用やモノの流れが止まるようなことがあれば、その金融機関には融資等の支援ができなかったことの説明を求められるようになっています。

緊急事態宣言に絡めて、行政機関は、中小企業に対して補助金・助成金の投入を行おうとしていますし、日本政策金融公庫や保証協会も、前年比の月商の低下や、本人確認等だけで、原則、柔軟に融資実行をすることになっています。ただし、最近は、あまりもの申込件数の増加で、その事務手続きが間に合わずに、一部に実行が遅れたとのことでしたが、その遅れに対しても、問題視されています。このようなことは、地域金融機関においても言えます。中小・中堅企業の融資に対して円滑な融資ができないことになれば、マスコミなどでの厳しい批判が起こるものと思われます。

特に、最近の融資は、社会政策的な色彩が強く、審査目線はかなり低くなっています。新型コロナウイルスの感染の問題で、直ちに経済活動の復活は見込めず、Ｖ字回復も期待できないことから、地域の中小企業の業績は急速に悪化していますので、地域金融機関の支援は、あらゆる方面から注目されています。今後の、地域金融機関の融資支援は、かなり積極的になっていきます。かつて審査が厳しかった地域金融機関であろうとも、中小企業へのこれからの融資は、かなり柔軟な姿勢で対応してくれると考えることができます。ただし、民間の金融機関の融資は、行政機関や公的金融とは異なり、社会政策ではなく、成長政策が中心ですから、どうしても、融資や資金調達の審査においては、それなりの論理が必要です。これからは、地域金融機関の審査目線は、社会政策的な視点でかなり柔軟になって行くものと思われますが、やはり、企業は長

期間の支援を受ける成長政策的な融資審査が中心ですから、中小企業と
しても、無理のない程度の資料作成や情報開示は必要になります。

　2020年9月

中村　中

コロナ危機に打ち勝つ
中小企業の新しい資金調達

目　次

第1部

新型コロナウイルス危機後の
融資・支援金の概要と考え方

第1章　新型コロナウイルス危機による社会構造の変化と今後の方針

第2章　新型コロナウイルス危機後の行政による資金支援施策

第2部 新型コロナウイルス危機後の金融機関の変化を踏まえた融資交渉

第4章 企業審査の格付けダウンを受けないために

第1部

新型コロナウイルス危機後の
融資・支援金の
概要と考え方

第1章 新型コロナウイルス危機による社会構造の変化と今後の方針

1 | テレワーク・ICT改革による社会構造改革

　2002年に中国広東省深圳で最初に発生し強い感染力を持ったSARS（重症急性呼吸器症候群）に続き、2012年には、そのSARSに酷似したMERSコロナウイルス感染症がサウジアラビアから発生、ともに、世界に広がりました。そして、2020年には、新型コロナウイルスの感染が全世界に広がり、パンデミック（世界的大流行）となり、目下、全世界で懸命に感染阻止に動いています。その間、2009年には、新型インフルエンザで、第1回のパンデミックが発生しました。このように、人から人へ感染する新型コロナウイルスや新型インフルエンザは、最近では、頻繁に感染が起こるようになっています。今後とも、感染症のパンデミック化はかなりの頻度で発生すると言われており、常に警戒態勢を維持することが必要になります。

　この新型コロナウイルスでは、2020年4月7日に緊急事態宣言が発せられ、全国民が、原則、自宅待機に入り、経済活動はほぼストップし、学校は休校して、企業もテレワークを進め、社員の出勤を抑えました。これからも、その種の感染症が発生するたびに、全国民は、3密（密集・密接・密閉）を防止し、テレワークの励行や医療崩壊の回避を目指すことになるでしょう。この感染症とその3つの対策については、日本に大きな社会構造改革をもたらすことになるものと思います。

　そして、テレワークに象徴されるICT改革は、人間が直接対面しないで意思疎通を行うことができるようになり、「3密の防止」にも貢献する

ことから、極めて重要です。また、医療現場でも、このICT改革で遠隔診療システムや地方医療の弱点を補完することができるようになると思います。

　同時に、ICT改革で、休業を強いられてきたレストランやスポーツクラブ・映画館の楽しみ方も変化し、企業の本社や工場また各地の支店では会議や報告の効率化が図れ、取引先との営業活動もレベルアップが可能になります。また、満員電車回避の時差出勤、同一出勤・同一退社からの働き方改革、目標設定・人事考課の改革、訪問・面談回避の営業活動、効果的な人的交流・親睦会の工夫、などなど、このICT改革でレベルアップが図られることになるでしょう。

　そして、「テレワーク」導入については、内部管理が進んでいない中小企業にとって、大きな改革となると思います。当面は導入に大きな負担になっていますが、「単純労働・短時間労働」と「複雑労働・長時間労働」の分類で、前者に対するAI業務の推進要請が起こります。会社事務所と勤務者自宅を含むオンライン会議が頻繁に行われ、そのために、従来の会社の働き方を職務分析や組織改革を行って、意思決定プロセスの短縮化や電子化の導入を行います。また、自宅テレワークにおける情報管理や情報漏洩の防止策に加え、勤務場所の異なる役職員の人事考課や業績評価また業務モニタリングの改革も喫緊の課題になり、それほど遠くない将来に、達成できるものと思われます。そのためには、取締役会などの社内意思決定機会の活用、関連資料の改定、対外交渉の変化など、取引金融機関のアドバイスや外部の専門家の知恵などで、早期に改善できるものとも思われます。

　次に、「医療崩壊」を防ぐために、地元大病院と地方自治の連携強化や、病院経営の改善、また地方医療構想（大・中病院とかかりつけ医の連携等）の早期実現を図ることが必要であり、これもICT改革を活用すれば、それほど抵抗なくできるかもしれません。そして、地域ごとの感染症に

対する検査体制や重篤者への専門病床の確保、地域におけるクラスター回避策などは、地域の医療機関において相互連携することで可能になると思います。

　また、医療機関と産学官金労言士（産業・学校・行政・金融・労働者・マスコミ・自由業者）との連携強化、地域版SDGs戦略なども、地域の各機関が新型コロナウイルスで危機感を共有できれば、それほど時間はかからないかもしれません。とにかく、感染症の検査や治療については、全国一律の医療施策では非効率であり効果も薄いことから、今後は大病院を核とした、地域連携と地方自治強化への転換が進むことになると思われます。

　この新型コロナウイルス対策として、PCR検査等の件数がなかなか増えず問題となりましたが、これは中央官庁等の縦割り方式がネックになっているとの指摘もありました。これも、ICT改革の導入で、良い方向に向かうかもしれません。もともと感染症対策は、中央官庁の縦割りを地方自治の横割りで、ICT改革化ができれば、新型コロナウイルスの後に生じるであろう次の感染症対策に役立つものと思われます。今後は、「医療本位制」を地方施策に組み込むことで、ICT改革のバックアップで地域医療体制の高度化を図ることが重要になると思います。

2　従業員比率75%の第3次産業の実態と経営者の責任

　現在の産業を大分類すると、第1次産業は農業・林業・漁業で、第2次産業は鉱業・建設業・製造業となり、その第1次産業・第2次産業以外の産業を第3次産業と言います。そして、第3次産業の従業員数は、現在の日本では、全産業の約75%を占めていると言われています。この第3次産業には、電気・ガス・水道・運輸・通信・小売・卸売・飲食・金融・保険・不動産・サービス・公務・その他の産業がありますが、こ

れらの産業に属する企業は、一般的に在庫を持たず、個人間の対面交渉に基づいて付加価値を生み出す産業が大半です。

　第3次産業は、第1次産業と第2次産業の生産物を、主に都市部において、分配や輸送・保管また金融・プロモーションなどの付加価値を加える産業が大半です。第3次産業に属する企業の基本的な行動は、「人と人との交流」「人と人との濃厚接触」によって第1次産業と第2次産業から生じた「物」に付加価値を上乗せするサービスとも言えます。

　よく考えると、新型コロナウイルスの感染の原因になっている「3密」は、第3次産業のベースになっているのです。この新型コロナウイルスの感染を防ぐためには、「3密防止」「テレワーク励行」「医療本位制の確立」を実施することですが、これらの施策こそ、第3次産業において業務の中心になる相対（あいたい）交渉を防止し、抑えることになっていたのです。緊急事態宣言の発令による自宅待機の励行、面前交渉や会議の回避、時差出勤の推進、イベント・ライブ・芸術・スポーツ観戦の取り止めなどは、都会に住む人々の日常生活の中止となり、ストレスはピークとなって、その経済活動の中断で、自営業者では収入は全くなくなってしまいました。

　そして、緊急事態宣言は、都市封鎖であり、一種の戒厳令であって、まさに、戦時下とも言うべき我慢の時間でした。戦時体制下の経済は、計画経済や傾斜生産方式・傾斜販売体制が常態になっており、企業や個人の努力で営業形態を変更して、売上を上げることもできません。そして、売上が急減した飲食業、観光業、イベント業などは、政府からの支援金である持続化給付金や雇用調整給付金が支給されるまで、本腰を入れて、転業や異業種との業務連携などの新展開もやりにくい状況にありました。

　さらに、不要不急の業種とみなされてしまうと、この戦時体制が完全に終了するまでは、実際には、これらの業種は消費者の需要が復活するのを待つことになっているようで、新型コロナウイルスの感染が下火に

なったとしても、相当の時間が経たなければ、元の活発な営業には戻れないかもしれません。言い方を変えれば、「3密防止」「テレワーク励行」「医療本位制」の対策が続いている限り、これらの業種の正常な経済活動は見通しが立たないことになります。

そうは言っても、第3次産業の中には、新型コロナウイルスの緊急事態宣言によって、業績が上向いている企業もあります。休業勧告を受けなかったスーパーマーケットや金融機関・医療関連企業などの国民生活にとって不可欠な産業と認められた企業や、「3密防止」に役立つテイクアウト専門業者やオフィスのリフォーム業者、また、「テレワーク励行」を促進する、IoTの本社や工場・支店への導入業者や活況となっている運送・宅配業者またIT・Web会議の設置会社などは、相当な忙しさになり、手が回らない状況のようでした。「医療・検査体制の構築」についても、国からの予算が付いたならば、建物の増改築や医療機械・検査機器の設置など、常に突貫工事の状況が見込まれます。

この今まで経験したことのない混沌の中、その原因は新型コロナウイルスの感染ですが、ワクチン開発には短くても1年以上かかり、その後にはまた同様な未知の感染症が発生する恐怖が重なっています。そして、この新型コロナウイルスは、既に世界中に広がり、誰もが混沌の真っ只中にあり、このようなリスクを感じる社会の中にあって、自粛することが人々の常識になっています。緊急事態宣言の下では、目立った経済活動などは、良識のある人々からは顰蹙を買っていましたが、雇用の維持が最重要の使命であると思っている経営者としては、役職員が自宅待機の中で、何をしてよいか分からずストレスばかりを溜めている現状を何とか打開することが喫緊の課題であると思っているはずです。経営者であれば、この危機の中にあって売上を上げて、その売上の中から役職員に給料や賃金を払って、残りを利益とし、税金や株主への配当を支払い、さらには地域への寄付を行うことを、生き甲斐に感じていると思います。

　地域の中で育てられ成長してきた中小・中堅企業の経営者は、「企業は社会の公器」という認識を持っており、この世界的な危機に対する経営者の責任として、普段の企業活動を、現在、注目されているSDGsの一つひとつの項目によって振り返り、社会貢献の一助にしたいと思っていると思われます。ということで、この世界標準である「SDGsの17の目標」に注目するべきであると思います。

　経営者として、この新型コロナウイルス危機下の前提条件は、「3密防止」「テレワーク励行」「医療本位制」の対策ですが、そこから出て来る将来の明るい見通しこそ、企業のステークホルダーや地域社会の期待や希望に思われます。このような大局的な見方や足元の光明によって、これからの経営者は「将来についての方針」「企業の理念やビジョン」を固めることが重要であり、一方、地域金融機関としても、その企業の「将来についての方針」の早期実現に向けて支援を行っていくことが大切であると思います。地域金融機関は、地域においては影響力の大きい数少ない大企業であることから、金融機関自身としても、取引先中小企業や地域の各機関と連携を組んで、企業レベルを超えた地域社会レベルのSDGsのより広い目標の達成に努めることが必要であると思われます。

3 ｜ 新型コロナウイルス危機後におけるSDGs目標の再チェック

1) SDGs（Sustainable Development Goals：持続可能な開発目標）とは

企業 >	自治体 >	NGO/NPO >	教育・研究機関 >
STI >	メディア >	その他 >	

SDGsとは？

持続可能な開発目標ＳＤＧｓとは

持続可能な開発目標（SDGs）とは，2001年に策定されたミレニアム開発目標（MDGs）の後継として，2015年9月の国連サミットで採択された「持続可能な開発のための2030アジェンダ」にて記載された2030年までに持続可能でよりよい世界を目指す国際目標です。17のゴール・169のターゲットから構成され，地球上の「誰一人取り残さない（leave no one behind）」ことを誓っています。SDGsは発展途上国のみならず，先進国自身が取り組むユニバーサル（普遍的）なものであり，日本としても積極的に取り組んでいます。

日本政府の取組

持続可能な開発目標（SDGs）推進本部

2015年にSDGsが採択された後，その実施に向け政府はまず国内の基盤整備に取り組みました。2016年5月に総理大臣を本部長，官房長官，外務大臣を副本部長とし，全閣僚を構成員とする「SDGs推進本部」を設置し，国内実施と国際協力の両面で率先して取り組む体制を整えました。さらに，この本部の下で，行政，民間セクター，NGO・NPO，有識者，国際機関，各種団体等を含む幅広いステークホルダーによって構成される「SDGs推進円卓会議」における対話を経て，同年12月，今後の日本の取組の指針となる「SDGs実施指針」を決定しました。

2）新型コロナウイルス危機後の企業の経営方針を決めるには

　SDGsの17の目標について、第3次産業に属する各企業のあり方を、世界標準、国家レベル、地域社会、そして企業のステークホルダー、企業グループや企業自身、そして従業員やその家族の生活など、自社の周囲の環境を見つめて、種々の視点で考えることが大切です。SDGsについては、一般には、気候・海・陸・水の課題を解決する環境の指標のように捉えられていますが、この持続可能性の開発を目指した目標（SDGs）とは、本来は、いつも認識している対象よりも、広く長期的な課題を目指すものということです。普段、企業の活動や売上・利益などについて考えているならば、企業自体よりも広く長期的な課題を認識するということです。それが、前述の企業を乗り越えた「世界標準、国家レベル、地域社会」などという課題のことです。

　したがって、現在話題にしている「新型コロナウイルス」のSDGsの問題というならば、自然の森林を人間がお金儲けのために伐採したために、新しい感染症のウイルスが誕生し、それが人間社会に脅威をもたらしたということまで考えることですが、これについては、一人ひとりが苦しむ感染症よりも、広い範囲で長期的な問題となるのです。また、第3次産業に属する各企業が、「3密防止」「テレワーク励行」「医療本位制」で、業績が悪化した現象も、一つの企業よりも、さらに大きな広く長期的な視野から起こっている問題ということになるのです。この自社の周囲の問題を見つめ直すためには、SDGsの17の目標を個々に検討していくことが大切ということになるのです。

　具体的には、この「新型コロナウイルス」の問題を根本的に解決して、個々の企業が「将来についての方針」を解決するためには、SDGsの17の目標の中から、あえて以下の7つの目標について、より広く長期の視点で見直すことが必要になると思います。この見直しの中から、企業自身が売上を増加させ、企業のガバナンス（内部統制）をしっかり行い、

そこから上がってくる利益の処分方法をも、より大きな視野で見ていくことが求められるのです。

　たとえば、ある第3次産業の「居酒屋チェーンを経営する企業」が「将来についての方針」を吟味する場合は、SDGsの17の目標のうち、7つの目標を丁寧に見直す必要があります。この企業は、店舗周辺の働きがいのある職場の近くで、企業の役職員の皆様の活力アップと息抜きの場を提供し、時には、個室で商談を兼ねた会合や懇親会に利用してもらうことを目指していました。目標の8・9・10・11・12に当たらずとも遠からずの企業理念でしたが、特に、目標17「パートナーシップの強化」にはまさに該当すると思っていました。ただし、新型コロナウイルス感染防止策の「3密防止」「テレワーク励行」「医療本位制」については、目標3の「感染症防止の健康的な生活」には該当しますが、他の目標とは、両立しにくいものでした。

　そこで、当社は、顧客リストを活用して、近隣の企業の総務部と情報交換を行い、企業への料理のテイクアウトを引き受けました。個人顧客については、YouTubeで、趣味の画像を流して、それぞれの店舗に、同じ趣味の個人顧客を「3密防止」に注意しながら集客しました。また、「テレワークの出勤日」に、同じ趣味の人々が集まれる企画も出しました。すなわち、以下の7つの目標を吟味し、そこから浮き彫りになる課題を、その企業が想定する範囲よりも、より広く、より長期にわたって考えました。と同時に、「3密防止」「テレワーク励行」や「医療本位制」についても遵守しながら、経営を行うことにしました。未だに、以前のような実績には及びませんが、それなりの反応が出ているようです。

　新型コロナウィルス感染防止策とSDGsの「3、8、9、10、11、12、17の各目標と抜粋したターゲット」は以下のとおりです。

	新型コロナウイルス感染防止策	3密防止	テレワーク励行	医療本位制
目標3	健康的な生活	○	○	○
目標8	経済成長と働きがいの両立		○	
目標9	持続可能な産業化		○	○
目標10	不平等の是正		○	○
目標11	人間居住のまちづくり			○
目標12	生産消費形態の確保	○		○
目標17	パートナーシップの強化	○	○	○
対策	IT・AIによる業務改革	異業種などとの業態連携	労働スキルの多様化	医療による地域機関連携

目標3、目標8、目標9、目標10、目標11、目標12、目標17の各目標と抜粋ターゲット（環境庁、SDGs活用ガイド（資料編）、令和2年3月より）

あらゆる年齢の全ての人々の健康的な生活を確保し、福祉を促進する

3.3	重篤な伝染病を根絶し、その他の感染症に対処する	2030年までに、**エイズ、結核、マラリア及び顧みられない熱帯病**といった**伝染病を根絶**するとともに肝炎、水系感染症及びその他の感染症に対処する。
3.4	非感染性疾患による若年死亡率を減少させ、精神保健・福祉を促進する	2030年までに、**非感染性疾患による若年死亡率**を、予防や治療を通じて**3分の1減少**させ、**精神保健及び福祉を促進**する。

3.b	ワクチンと医薬品の研究開発を支援し、安価な必須医薬品及びワクチンへのアクセスを提供する	主に開発途上国に影響を及ぼす感染性及び非感染性疾患の**ワクチン及び医薬品の研究開発を支援**する。また、知的所有権の貿易関連の側面に関する協定（TRIPS協定）及び公衆の健康に関するドーハ宣言に従い、**安価な必須医薬品及びワクチンへのアクセスを提供**する。同宣言は公衆衛生保護及び、特に全ての人々への医薬品のアクセス提供にかかわる「知的所有権の貿易関連の側面に関する協定（TRIPS協定）」の柔軟性に関する規定を最大限に行使する開発途上国の権利を確約したものである。

包摂的かつ持続可能な経済成長及び全ての人々の完全かつ生産的な雇用と働きがいのある人間らしい雇用（ディーセント・ワーク）を促進する

8.2	高いレベルの経済生産性を達成する	高付加価値セクターや労働集約型セクターに重点を置くことなどにより、多様化、技術向上及びイノベーションを通じた**高いレベルの経済生産性を達成**する。
8.5	雇用と働きがいのある仕事、同一労働同一賃金を達成する	2030年までに、若者や障害者を含む全ての男性及び女性の、**完全かつ生産的な雇用及び働きがいのある人間らしい仕事**、並びに**同一労働同一賃金を達成**する。

**強靭（レジリエント）なインフラ構築、包摂的かつ持続
可能な産業化の促進及びイノベーションの推進を図る**

9.1	経済発展と福祉を支える持続可能で強靭なインフラを開発する	全ての人々に安価で公平なアクセスに重点を置いた**経済発展と人間の福祉を支援**するために、地域・越境インフラを含む質の高い、信頼でき、**持続可能かつ強靭（レジリエント）なインフラを開発**する。

 各国内及び各国間の不平等を是正する

10.4	政策により、平等の拡大を達成する	税制、賃金、社会保障政策をはじめとする**政策を導入**し、**平等の拡大を漸進的に達成**する。

 **包摂的で安全かつ強靭（レジリエント）で持続可能な
都市及び人間居住を実現する**

11.1	住宅や基本的サービスへのアクセスを確保し、スラムを改善する	2030年までに、全ての人々の、**適切、安全かつ安価な住宅及び基本的サービスへのアクセスを確保**し、**スラムを改善**する。
11.3	参加型・包摂的・持続可能な人間居住計画・管理能力を強化する	2030年までに、包摂的かつ持続可能な都市化を促進し、全ての国々の**参加型、包摂的かつ持続可能な人間居住計画・管理の能力**を強化する。

持続可能な生産消費形態を確保する

12.5	廃棄物の発生を減らす	2030 年までに、廃棄物の発生防止、削減、再生利用及び再利用により、**廃棄物の発生を大幅に削減**する
12.8	持続可能な開発及び自然と調和したライフスタイルに関する情報と意識を持つようにする	2030 年までに、人々があらゆる場所において、**持続可能な開発及び自然と調和したライフスタイルに関する情報と意識**を持つようにする。

持続可能な開発のための実施手段を強化し、グローバル・パートナーシップを活性化する

17.16	持続可能な開発のためのグローバル・パートナーシップを強化する	全ての国々、特に開発途上国での持続可能な開発目標の達成を支援すべく、知識、専門的知見、技術及び資金源を動員、共有するマルチステークホルダー・パートナーシップによって補完しつつ、**持続可能な開発のためのグローバル・パートナーシップ**を強化する。
17.17	効果的な公的、官民、市民社会のパートナーシップを推進する	さまざまなパートナーシップの経験や資源戦略を基にした、効果的な**公的、官民、市民社会のパートナーシップ**を奨励・推進する。

　新型コロナウイルスの感染防止策は緊急事態宣言の発動の下、全国民が徹底し、その時は感染者数も急減することになりましたが、生活パターンは大きく変わり、特に、「3密防止」「テレワーク励行」「医療本位制」に沿って、業務形態も大きく変動するようになりました。

　第3次産業の中には、この変化で、むしろ業績が上向いている業種の企業もあり、「3密防止」で飲食店がテイクアウトを始め、デパートが通信販売に力を入れるようになりました。「テレワーク励行」で、カラオケ店やビジネスホテルがPCルーム（テレワーク・スペース）に変わり、企業の会議や飲み会も新常態になって、運送・宅配業者の人材のニーズも大きく、枯渇するようにもなりました。「医療・検査体制の構築」によって、保健所の存在感が高まり、新型コロナ感染症の診療や病室の新しいスペースが多くの病院に設置され、発熱外来やPCR検査のコーナーも用意され、これに関わる医療従事者も増加するようになりました。国民の医療従事者に対する感謝の念も高まり、地方自治も医療ありきの体制を目指すようになってきています。新型コロナなどの感染症に対するワクチンや治療薬またマスクや防護服などの在庫管理や円滑な流通に対しても、最重要課題として扱われるようになってきました。今後とも、医療分野に国の予算が付いたならば、建物の増改築や新しい医療機械・検査機器の設置などの突貫工事がすぐに始められるようになっていくようです。

　一方、全く売上が立たず、テレワークどころか何もやることがないままにストレスを溜めている企業の役職員も、実際には多くいます。この状況の不自然さは、いつまでも放置されるべきではなく、早急の対策が講じられなければなりません。それには、新型コロナウイルスの感染症対策や緊急事態宣言下の企業活動を俯瞰して見て、「異業種などとの業態連携」や「労働スキルの多様化」また「地域医療と地元の産官学金労言士との連携」などの施策をIT・IoT・ICTやAI活用のプラットフォー

25

ムの上に、構築していく必要があるように思われます。

　この分野への経営資源の投入で、雇用の創造を図り、都市・地方における第3次産業の再度の活性化に努めなければならないと思います。もちろん、第1次産業や第2次産業に属する企業においても、「異業種などとの業態連携」や「労働スキルの多様化」について、新型コロナウイルス感染対策や今後の新感染症の状況を想定しながら、改善をしなければならないと思います。

4 ｜ 新型コロナウイルス危機後の金融機関の企業への対応

　ワイドで長期的な視野に立つならば、感染症は無秩序・無節操で急速に拡大する人間の経済活動によって、変異をもたらしました。そして、交通網の広がりや密集行為によって、拡散することになりました。このようなリスクに対して、地球規模で対策を講じることが、SDGsの理念でもあります。同様に、企業単位や事業単位の利益極大化活動を、地域・国・世界の視野にて、人間本位・健康本位に修正していかなければならなくなりました。そのために、この新型コロナウイルスの異常事態に皆の知恵を結集して、「3密防止」「テレワーク励行」「医療本位制」の対策をSDGsの考え方で再考し、これからの社会のあり方を実現可能性で考えてみたのが、「異業種などとの業態連携」「労働スキルの多様化」「地域医療と地元の産官学金労言士との連携」という対応のことになります。

　しかし、この新型コロナウイルスの感染予防については、順調に営業を続けていた企業であっても、いったん、感染者が発生したならば、また、クラスター（感染の集団発生）にでもなってしまえば、営業活動は止まり、従業員は自宅待機を強いられることになります。相対（あいたい）交渉をベースに、在庫を持たずに対面交渉を主体にしてきた第3次産業の多くの企業は、やはり、今後、IT化・AI活用などをベースにし

ながら、数年間は感染症のこの３つの防止策を講じて、十分に注意しながら企業活動を行っていかなければなりません。ということは、日本の従業員の75％を占める第３次産業の対面交渉を、厳しく控えなければならないということになります。

さらには、第３次産業の企業については、新型コロナウイルス感染対策前から、アゲンストの風が吹いています。日本の第３次産業の企業は、世界の同種の企業に比べて、かなり生産性が低いということです。小規模企業が多いせいか、IT化・AI活用が遅れ、内部管理体制が進んでおらず、ワンマン経営によって納得性のある意思決定や合理的な分業体制が未整備のままで、職務分析による適材適所もほとんど行われず、従業員の仕事の内容も明確になっていないようです。このことは、「テレワーク」がなかなか中小企業の従業員に浸透しない理由と重なります。

新型コロナウイルス感染による窮境後、しばらくの間は、行政機関の補助金や助成金の支給で当面の資金繰り難は切り抜けることができるかもしれませんが、これらが一段落した時点で、多くの企業が生産性の低さのために、競争に負けて、市場から姿を消すかもしれません。特に、IT化・AI活用や内部管理が遅れた、高年齢で後継経営者のいない企業については、事業の持続ができない可能性は大きくなります。高齢の経営者自身のヤル気が失せ、廃業や清算・倒産になる可能性が大きくなるからと見られています。したがって、この新型コロナウイルス危機が収まった後には、金融機関は、第３次産業に対しては、２つの対応で接すると思います。

金融機関としては、IT化・AI活用などの改革等を進める企業や内部管理体制・職務分析に注力する企業また後継者がいる企業などに対しては、従来以上に柔軟な条件で積極的に資金調達の支援を行うと思います。それらの企業が、「異業種などとの業態連携」「労働スキルの多様化」「地

域医療と地元の産官学金労言士との連携」を通して、「将来についての方針」を持って動いている場合は、新型コロナウイルス危機に対して、世界標準であるSDGsの目標に沿って、実際に動いているとみなされるものと思われます。金融機関自身としても、今後数年間は、かつてのように、企業の利益重視の方針のみに信頼を寄せることはできないと思います。

このようなSDGsに沿った方針の下に、業態連携で事業の転換に成功したり、役職員や従業員が労働スキルの多様性が見通せたり、また、地域医療と他機関との連携の兆しが見られた場合は、金融機関としては、その企業に対して大きな評価をするものと思われます。地域金融機関としては、今後は、取引先企業を評価して資金投入を行うばかりではなく、その取引先企業を地域における自らのパートナーとして協働で地域貢献を求めることになると思われます。もしも、その協働のパートナーとみなすことができれば、地域金融機関は、資本性融資・資本性劣後ローン・据置期間の長い長期融資などによって、積極的な資金投入で支援を行っていくことになると思われます。

逆に、IT化・AI活用などの改革等が進んでいない企業で、「異業種などとの業態連携」「労働スキルの多様化」などの新型コロナウイルスの感染予防に関する動きを行わず、昔ながらのワンマン経営に固執している場合については、新しい動きについていけない企業として、積極的な支援は行わないかもしれません。時には、M&A・廃業・清算でもって、姿を消してしまう可能性に対して、静観するかもしれません。

経営者が高齢で後継者不在で、改革ができない企業については、この新型コロナウイルス危機がきっかけになって、存続が難しくなるかもしれません。金融機関からは、詳細な資料や説明を求められることになり、その対応がまずい場合についても、円滑な資金投入ができなくなるかもしれません。金融機関からは、「資金繰り予定表」「試算表」「決算報告

書」「経営改善計画書」などの資料の提出とともに、新型コロナウイルス
危機後の「将来についての方針」などの説明や対話を求められるものと
思います。

　もし「異業種などとの業態連携」「労働スキルの多様化」「地域医療と
地元の産官学金労言士との連携」などの話を、ITやAI活用をベースに
しながら、経営者や企業の幹部が自信をもって、将来を見通した対話が
できないならば、金融機関の支援は難しくなるかもしれません。取引歴
の長い企業であろうとも資金調達に協力できず、結局、融資謝絶になる
かもしれません。金融機関が「将来についての方針」で、納得できる説
明がない場合は、たとえ、企業が金融機関に強く食い下がったとしても、
M&A・廃業・清算などの勧奨にならざるを得ないかもしれません。

　ちなみに、日本の中小企業は、他の先進国に比べて生産性が低い先が
多いことから、新型コロナウイルス危機後については、政府としては、
かつてのような中小企業の社数維持の目標を取り下げるようです。生産
性が低く経営理念・内部統制が欠如する企業への無条件の資金支援は控
えることになり、廃業率が開業率より高くなって、中小企業の社数が減
少することになっても容認することになるようです。

　とは言うものの、この危機に対して、政府として、急に中小企業への
支援を取りやめるということはなく、当面の資金繰り支援は、以下の第
2章で紹介する手法により、公的金融機関を中心に民間の金融機関も含
めて、活発な支援活動が行われることになっています。

新型コロナウイルス危機後の行政による資金支援施策

1 自社の経営方針と現状を再認識してから行政へ資金支援の申請をすること

　多くの中小企業の経営者と腹を割って話すと、「あの時、お金があれば、今頃、大企業になっていたのに！」という言葉が出てきます。経営者の経験の中には、商売チャンスが何度かあるものです。「あの時とは、商品の仕入れをするか、営業人材を採用するか、新しい機械を設置するか、などの事業施策が頭に浮かぶ時であり、その事業に先立って用意するべき資金があったならば、事業は成功して、大きな収益が入り、その勢いで、今は大企業になっていたのに！」ということを思い浮かべるようです。また、現在、窮境に瀕している経営者は「あの時、お金があれば、こんなに苦しまなかったのに！」と思うようです。

　このように、一般に、「お金」については、「あるか・ないか」ということで、情勢は変わってしまい、もしどうしても「ない」場合は経営が終わってしまいます。そのお金を使って、「事業をいかに成功させ、いつまでに返済するか！」というところまでは、ほとんど記憶に残っていないようです。

　「行政による資金支援」は出してもらえるか否か、また、補助金・助成金・融資の既に決められている支援条件をいかにクリアできるか否か、ということに、全神経を集中し、その後、「事業をいかに成功させ、いつまでに返済するか！」ということまでは、多くの場合は、忘れ去ってしまうようです。民間の金融機関の場合は、自社に担当者が付いて、その後の企業の成長や再生について金融機関に報告する義務がありますが、

行政機関からの融資は、出してもらえば、「決められた返済方法で機械的に返せばよい」という一種の安堵感と開放感があって、融資後のモニタリングに対するプレッシャーはあまりないようです。

とは言いながら、新型コロナウイルス危機やリーマンショックなどの恐慌時には、民間金融機関は貸してくれないし、自社が赤字になった場合にも「貸し渋りや貸し剥がし」に合うかもしれないので、やはり、公的機関の方が信頼できると思うのかもしれません。確かに、公的機関は、公表された融資の前提条件に合致すれば、自動的に融資してくれるし、返済を繰り返していれば、業績がよほど悪化しない限り、経営にも口出しはされないかもしれません。自社がしっかりしていれば、機械的で画一的な対応をしてくれますから、使い勝手が良いと思われるかもしれません。

そこで、注意しなければならないことがあります。「自社がしっかりしていれば、……」ということです。しかし、経営者は、本当に、「しっかりした経営」を未来にわたってできるものでしょうか。民間の金融機関の場合は、融資後の業績評価や決算報告などのモニタリングがありますし、将来の資金ニーズにも対応してくれますので、経営者は自社の将来を考えて、金融機関に情報開示をして、アドバイスや批判を受けることができます。すなわち、公的機関は、自社に寄り添い助言・相談・指導を行うような、精神的な『メイン銀行』になることは、原則としてできませんので、資金支援を得たとしても、経営者は「これからがスタートである」という気持ちを強く持たなければならないと思います。

また、融資や資金支援は、企業の成長政策面と社会政策面の両面の特徴がありますが、一般的に、公的機関は社会政策面にウエイトを置き、民間金融機関は成長政策面に力点を置いています。まさに、新型コロナウイルス危機の現在は、公的機関の社会福祉・社会政策面に頼る時ですから、上記の注意点を踏まえて、公的機関からは、胸を張って資金調達を

受けるべきです。危機対応が社会政策であり、その後の巡航速度まで引き上げることが成長政策ならば、公的機関で受けた社会政策を民間金融機関で巡航速度まで引き上げ、さらに速度アップすることが、あるべき政策と思います。

　ということで、まず、公的機関から資金調達を受けるときは、自社は生き残って、経営の将来を考えながら、今回の資金支援は、「自社にとって廃業のためか、再生のためか、現状維持のためか、成長のためか、転業のためか、事業承継のためか」などなどを、経営者や幹部は十分考慮しなければなりません。自社の現在のライフステージ（創業・成長・成熟・衰退期）を意識して、その資金をいかに役立てることができるかを見極めて、自己責任で資金申請に行くことが重要です。

　また、公的機関の資金支援は、公平公正のためにも、その支援策ごとに細かい条件が決まっていますので、申込時には十分その条件を理解し、自社の将来の方針をまげることがない限り、その条件に沿うことが重要であり、条件に合った内容であることを提出資料に反映させることがポイントになります。

2 新型コロナウイルス危機後の行政機関による具体的な資金支援

　公的機関が用意する新型コロナウイルス危機後の資金支援の施策は、生き残りのためにどんな企業でも使えるように、多くの品揃えとなっています。資金調達とは、「この公的機関の資金支援策を円滑に導入すること自体が目的である」と思い込んでいる企業すらあるくらいです。しかし、資金調達は、資金を活用する企業や事業の目的を達成するための燃料であり、目標達成への一つのプロセスであって、そのプロセスがその後の成長のレバレッジ（梃子）の役割です。そのためには、公的機関の資金支援の取扱説明書を、その公的機関や中小企業庁のホームページな

どでよく読んで、まずは、その条件に合致することが必要です。

　今回の「新型コロナウイルス危機」は100年に一度と言われたリーマンショックを上回る経済危機であるとも言われており、公的機関の支援態勢も手厚いものになっています。実際、経済産業省や中小企業庁、そして、金融庁のホームページにも、具体的な支援策の一つとして条件が具体的に掲載されていますから、精読してください。

　経済産業省のHPならば、「トップ」の『持続化給付金』や『経済産業省新型コロナウイルス関連支援施策』の項目からその解説を読んだりその動画を見てください。

　中小企業庁のHPでは、『ミラサポplus』『民間金融機関による実質無利子・無担保融資動画』などが役立ちますし、『新型コロナウイルスに関連した感染症対策情報』も有効です。

　金融庁のHPでは、『新型コロナウイルス感染症関連情報』が役立ちます。

　以上のように各省庁のHPから、種々の情報を入手できますし、さらには、その申請書のフォーマットから記入方法、申込手続きまで、詳しく述べられています。実際にHPをご覧ください。ちなみにその具体的な施策を参考までにご紹介します。

●経済産業省

中小企業向け資金繰り支援内容一覧表（6/15時点）

SJ 経済産業省
Ministry of Economy, Trade and Industry

※ 見やすさの観点から簡略化していますので、詳しい情報は**支援策パンフレット**でご確認ください。

①個人事業主向け（小規模に限る）

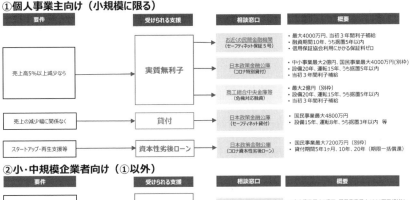

要件	受けられる支援	相談窓口	概要
売上高5%以上減少なら	実質無利子	お近くの民間金融機関（セーフティネット保証5号）	・最大4000万円、当初3年間利子補給 ・融資期間10年、うち据置5年以内 ・信用保証協会利用にかかる保証料ゼロ
		日本政策金融公庫（コロナ特別貸付）	・中小事業最大2億円、国民事業最大4000万円（別枠） ・設備20年、運転15年、うち据置5年以内 ・当初3年間利子補給
		商工組合中央金庫等（危機対応融資）	・最大2億円（別枠） ・設備20年、運転15年、うち据置5年以内 ・当初3年間利子補給
売上の減少幅に関係なく	貸付	日本政策金融公庫（セーフティネット貸付）	・国民事業最大4800万円 ・設備15年、運転8年、うち据置3年以内　等
スタートアップ・再生支援等	資本性劣後ローン	日本政策金融公庫（コロナ資本性劣後ローン）	・国民事業最大7200万円（別枠） ・貸付期間5年1ヶ月、10年、20年（期限一括償還）

②小・中規模企業者向け（①以外）

要件	受けられる支援	相談窓口	概要
売上高20%以上減少なら	実質無利子	日本政策金融公庫（コロナ特別貸付）	・中小事業最大2億円、国民事業最大4000万円（別枠） ・設備20年、運転15年、うち据置5年以内 ・当初3年間利子補給
		商工組合中央金庫等（危機対応融資）	・最大2億円（別枠） ・設備20年、運転15年、うち据置5年以内 ・当初3年間利子補給
		お近くの民間金融機関（セーフティネット保証4号、危機関連保証）	・最大4000万円、当初3年間利子補給 ・融資期間10年、うち据置5年以内 ・信用保証協会利用にかかる保証料ゼロ
売上高15%以上減少なら	低利融資	日本政策金融公庫（コロナ特別貸付）	・中小事業最大2億円、国民事業最大4000万円（別枠） ・設備20年、運転15年、うち据置5年以内 ・当初3年間基準金利▲0.9%
売上高5%以上減少なら		商工組合中央金庫等（危機対応融資）	・最大2億円（別枠） ・設備20年、運転15年、うち据置5年以内 ・当初3年間基準金利▲0.9%
	保証料補助	お近くの民間金融機関（セーフティネット保証5号）	・最大4000万円 ・融資期間10年、うち据置5年以内 ・信用保証協会利用にかかる保証料を1/2補助
売上の減少幅に関係なく	貸付	日本政策金融公庫（セーフティネット貸付）	・中小事業最大7.2億円、国民事業最大4800万円 ・設備15年、運転8年、うち据置3年以内　等
スタートアップ・再生支援等	資本性劣後ローン	日本政策金融公庫（コロナ資本性劣後ローン）	・中小事業最大7.2億円（別枠） ・国民事業最大7200万円（別枠） ・貸付期間5年1ヶ月、10年、20年（期限一括償還）
		商工組合中央金庫等（危機対応融資）	・最大7.2億円（別枠） ・貸付期間5年1ヶ月、10年、20年（期限一括償還）

企業の分類の考え方

	小規模 （※）	中規模
個人事業主	①	②
法人	②	

〈※小規模の要件〉
製造業、建設業、運輸業、その他業種
→ 従業員20名以下

卸売業、小売業、サービス業
→ 従業員5名以下

売上高要件の考え方(注)

〈創業1年1か月以上〉
最近1ヵ月※の売上高と、前年または前々年の同期と比較

〈創業1年1か月未満及び店舗・業容拡大しているスタートアップなど〉
以下のいずれかで比較　※直近3か月以上に限る
● 最近1ヵ月の売上高と過去3ヵ月（最近1ヵ月を含む）の平均売上高の比較
● 最近1ヵ月の売上高と令和元年12月の売上高の比較
● 最近1ヵ月の売上高と令和元年10月から12月の平均売上高を比較

この資料は、スリースター株式会社が運営するStartupList㈱INQが作成した記事を参考にして引用しました。

●中小企業庁のミラサポplus

補助金を探す

補助金のポイント

1 補助金によって、目的・対象・仕組みが異なります。

補助金は、国の政策ごとに、さまざまな分野で募集されています。それぞれの補助金の「目的・趣旨」を確認し、自分の事業とマッチする補助金を見つけましょう。

2 必ずしも、事業の全額が補助されるわけではありません。

補助金は、必ずしもすべての経費が交付される訳ではありません。事前に補助対象となる経費・補助の割合・上限額などを確認しましょう。

3 補助の有無や補助の額については審査があります。

補助の有無や補助の金額は「事前の審査」と「事後の検査」によって決定します。また、補助金は後払い(精算払い)であり、事業の実施後に必要書類を提出して、検査を受けた後、はじめて受け取ることができます。

代表的な補助金はこの3つ!

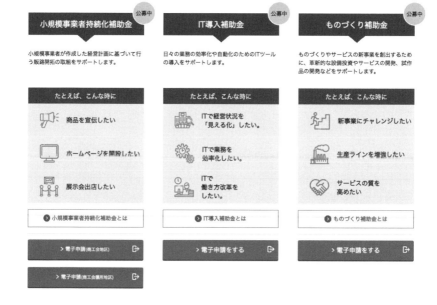

●金融庁の「新型コロナウイルス感染症関連情報」の「資金繰り等でお困りの皆様へ」より

民間金融機関における
実質無利子・無担保融資

制度概要

都道府県等による制度融資を活用し、民間金融機関にも
実質無利子※・無担保・据置最大5年融資を拡大します。
あわせて、信用保証（セーフティネット保証4号・5号、危機関連保証）の
保証料を半額又はゼロにします。

※一部の都道府県等では、一度事業者に利子分をお支払いいただいた上で、事後的にお支払いいただいた利子分を事業者にお戻しすることで、金利負担が実質的に無利子となる仕組みとしています。

対象要件

国が補助を行う都道府県等による制度融資において、**セーフティネット保証4号・5号、危機関連保証のいずれかを利用**した場合に、以下の要件を満たせば、保証料・利子の減免を行います。

	売上高▲5%	売上高▲15%
個人事業主 （事業性あるフリーランス含む、小規模のみ）	保証料ゼロ・金利ゼロ	
小・中規模事業者 （上記除く）	保証料1/2	保証料ゼロ・金利ゼロ

その他の要件

- □ 融資上限額：4000万円※（拡充前3000万円）
  ※2次補正の成立後、各自治体において準備が整い次第、融資上限額を拡充
- □ 補助期間　：保証料は全融資期間、利子補助は当初3年間
  ※条件変更に伴い生じる追加保証料は事業者の負担となります。
- □ 融資期間　：10年以内（うち据置期間5年以内）
- □ 担保　　　：無担保
- □ 保証人　　：代表者は一定要件（①法人・個人分離、②資産超過）を満たせば不要（代表者以外の連帯保証人は原則不要）

裏面でよくあるお問合せにお答えします。

よくあるお問合せ

申請の流れはどのようになりますか？

金融機関がワンストップで効率的、迅速に申請手続きを行います。
まずは<u>お取引のある</u>又は<u>お近くの金融機関にご相談</u>ください。

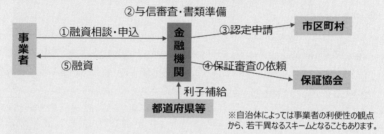

②与信審査・書類準備

事業者 ①融資相談・申込 → 金融機関 ③認定申請 → 市区町村

⑤融資 ← 金融機関 ④保証審査の依頼 → 保証協会

↑利子補給

都道府県等

※自治体によっては事業者の利便性の観点から、若干異なるスキームとなることもあります。

売上高減少要件はどのように判断しますか？

売上高減少要件は、セーフティネット保証4号・5号、危機関連保証の
適用要件と連動しておりますので、
<u>セーフティネット保証4号・5号、危機関連保証
いずれかの認定書を取得</u>してください。

いつから申込みできますか？

<u>5月1日より各都道府県等にて制度を開始</u>しておりますので、
まずは<u>お取引のある</u>又は<u>お近くの金融機関にご相談</u>ください。

申請に必要な情報を教えてください。

①<u>市町村認定書</u>(セーフティネット保証4号・5号、危機関連保証のいずれか)
②<u>金融機関必要書類</u>
③<u>保証協会必要書類</u>　　など

※具体的にどのような資料が必要となるかは、各金融機関へご相談ください。

3 ┃ 日本政策金融公庫の融資

　融資条件や実行手続き、申込用紙などが開示され、透明性があること
から、融資実行の金額・期間・金利などの条件の細目まで予想が立てら
れます。新型コロナウイルス危機対策としての融資商品も素早く用意し、
柔軟に実行しています。ただし、融資後の管理や回収における柔軟性は
あまりなく、将来の企業の財務内容や業績の変化に即した対応は柔軟と
は言えません。その後の成長政策は、民間の金融機関のコンサルティン
グ対応に委ねているからです。以下はその取扱商品の一部です。

● 中小企業事業

中小企業向けの長期事業資金
ご利用いただけるお客さまは、業種及び企業の規模（資本金・従業員）により定められていますので、詳しくは
こちらをご覧ください。

新企業育成貸付

融資制度	ご利用いただける方	融資限度額	融資期間（うち据置期間）
新事業育成資金	新規性、成長性のある事業を始めておおむね5年以内の方など	6億円	設備資金：20年以内（5年以内） 運転資金：7年以内（2年以内）

4 信用保証協会

　中小企業の保証協会への申込みは、取引金融機関経由申請と直接申請の2ルートがあります。融資実行の目線は、一般に、金融機関よりも低めと言われ、実行の条件も柔軟と言われています。信用度の低い案件まで保証をしてくれると言われています。新型コロナウイルス危機対策として各種の保証を用意して柔軟に対応しています。ただし、融資金額や期間に上限があり、融資実行後の管理や回収の柔軟な対応は原則できません。企業の財務内容や業績の変化に即した柔軟な融資形態の対応も原則できません。社会政策を通して巡航速度まで引き上げることが、この保証協会の役割と言えるからです。

 東京信用保証協会

文字サイズ 大 **中** 小　　サイト内検索 🔍 Google Custom Search　検索

 東京信用保証協会について　 ご利用の流れ　 保証制度のご案内　 創業アシスト情報　 経営支援情報　 事業所一覧　 お問い合わせ・Q&A　 約定金融機関専用

ホーム ＞ 信用保証制度のご案内 ＞ 保証制度一覧

▶ 信用保証制度のご案内

- ▶ ニーズ別保証制度案内
- ▶ 保証制度一覧
- ▶ ご利用のメリット
- ▶ ご利用いただける中小企業とは
- ▶ ご利用いただけない中小企業とは
- ▶ 信用保証料
- ▶ 経営者保証に関するガイドラインについて

保証制度一覧

主な保証制度をご紹介します。
各支店窓口でもご案内していますので、お気軽にご相談ください。

東京都制度

東京都と当協会、取扱指定金融機関の三者が協調して実施している中小企業支援のための制度融資です。
小規模企業者向けの制度、創業者向けの制度、売掛金や棚卸資産を担保にできる制度などさまざまな制度があります。

📄 東京都制度融資一覧（805.9 KB）

協会制度

一定の枠と期間を設定しその範囲で出し入れ自由な保証制度、長期（運転資金15年以内・設備資金20年以内）の借入で資金繰りを安定させる保証制度など、さまざまな保証制度でお客さまのニーズにお応えします。

📄 協会制度一覧（628.4 KB）

区市町制度

各自治体が行っている中小企業を支援するあっせん融資です。
信用保証料や金利の補助が受けられる場合もあります。
（詳細については各自治体毎の要項に定められています。詳しくは各自治体にご確認ください。）

ⓐ ご利用の流れ

保証手続きの流れをご紹介します。

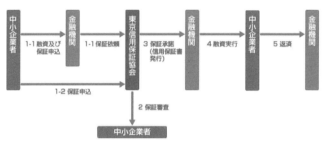

1.保証申込

金融機関を経由して、または保証協会に直接、お申込いただけます。

1-1.金融機関経由で申込む場合

金融機関の窓口で融資の申込と同時に信用保証の申込手続を行います。
金融機関は融資が適当であると判断した場合、信用保証委託申込書と信用保証依頼書を保証協会に提出します。

1-2.保証協会に直接申込む場合

保証協会の保証課窓口にお越しいただき面談の後、申込書をお渡しします。記入した申込書に必要書類を添付し申込を行ってください。
保証協会で審査した後、保証が適切であると判断した場合、金融機関に融資をあっせんします。金融機関では融資の審査があります。

※保証協会のほか、東京都・商工会議所・商工会・商工会連合会・中小企業団体中央会などでも申込を受付けています。

斡旋料や仲介手数料等を要求するいわゆる金融斡旋屋にご注意ください。当協会では金融斡旋屋等の第三者が介入する保証申込は一切取扱いません。ご不明な点がありましたら、各支店窓口までお問い合わせください。

2.保証審査

お申込の後、当協会において審査をします。
担当者が訪問したり、お客さまにお越しいただいて、直接お話しをうかがうことがございます。

3.保証承諾

審査の結果、保証承諾を行う場合は「信用保証書」を金融機関に送付します。
保証協会や商工会議所など金融機関以外で申込を受付けた場合、希望する金融機関に融資をあっせんし、金融機関の承諾後に「信用保証書」を発行します。

4.融資実行

「信用保証書」に記載された条件に従って、金融機関より融資実行されます。
このとき、所定の「信用保証料」を金融機関を経由して保証協会にお支払いいただきます。
※保証協会では、所定の信用保証料以外にはどのような名目でも（調査料、登録料、用紙代、手数料、相談料など）一切いただくことはありません。

5.返済

返済条件に従って金融機関に借入金の返済をしていただきます。

　なお、信用保証協会の保証付き融資で経営が正常化した後には、民間金融機関から成長政策としてのプロパー融資・無担保無保証融資を受けて、生産性向上を図りながら、企業理念に向かって、業容拡大に努めることが大切です。

5 民間地域金融機関と行政機関・日本政策金融公庫・信用保証協会の機能の違い

　民間の地域金融機関自体は、地元の大企業として、地域の情報や各機関との連携、人脈を持っており、融資についてはそれぞれの中小企業ごとに担当者を決めて、転勤までの数年間、企業の融資やその企業の管理に注力することになっています。転勤後には後任に引き継がれます。そして、担当者の能力や支店の情報力などによって、サービスの質にややばらつきはあるものの、長期間にわたって、その企業への助言・相談・指導やビジネスマッチングなどもできます。また、仕入資金融資や賞与資金融資、商手割引などの短期融資には柔軟に対応できますし、根抵当権担保等を汎用的に活用することもできます。

　融資実行後のモニタリング管理や回収においては、取引先の事情に沿って適切な対応をすることもできます。企業の業績低迷期には、複数融資の一本化やリスケ・返済猶予などの対応もし、再生支援をしてくれますし、成長期には、その企業の強さをより伸ばすような新規事業の紹介も行ってくれます。メイン銀行になった場合は、経営者に対してかなり踏み込んだ経営コンサルを行ったり、他行の融資条件の緩和策を支援してくれることもあります。企業の財務内容の向上や業績アップが続くようでしたら、多くの人々から資金を集める株式上場のアドバイスも行ってくれます。

　ただし、個別の融資の実行については、大きな組織で意思決定が稟議制度によっていることから、融資担当者の稟議書作成能力や金融機関と

いう組織体の融資方針の変化によって、取引先企業にとっては、透明性・納得性のない対応や実行決定判断の遅さが生じることもあります。

　また、創業期の企業支援や社会政策的なセキュリティ融資などについても、積極性が見えないこともあります。これは、その金融機関の企業情報力や担当者の取引経験の少なさにもよりますが、円滑な対応ができず、行政機関や日本政策金融公庫・信用保証協会のスピードのある柔軟な対応にはかなわないことも多々あります。

第3章

新型コロナウイルス危機後の民間金融機関への返済なし融資の期待

1 新型コロナウイルス危機による返済なしの資金支援（資本投入・返済猶予）の広がり

　新型コロナウイルス危機後のマスコミ報道を時系列にならべて見ますと、2020年3〜4月には「金融検査マニュアル公表前の返済なしの融資を復活してもらいたい」「審査や返済猶予を素早くやってもらいたい」と返済のない融資や返済自体を猶予することを勧奨する記事の掲載がされていました。借り手企業にとっては、窮境に陥った時は、刻々と変化する外部環境に対して臨機応変の対応を講じたいことから、自由に使える資金の裏付けが必要になります。返済なしの融資ほどありがたいものはありません。金融機関に都度生じる支出の資金使途を細かく説明したり、毎月の返済金額や返済期日について資金繰り表を作成して納得してもらうことなどは、経営者としては、実務的にも時間的にも難しいことです。

　2020年5月からは、中小企業に対して、「実質無利子・無担保融資で、返済のない据置最大5年間の融資を民間金融機関が扱う」ということになりました。また、地域の中堅・中小企業には、「資本注入を行って、企業自身の財務内容の健全化を通して、民間の金融機関からの融資支援を受けやすくすること」、大企業から中堅・中小企業にも、「国が、企業経営に口を出さず企業として受け入れやすい劣後ローンや優先株という資本投入のシステムを確保する」ということになりました。すなわち、中小企業には、実質無利子・無担保融資・据置最大5年間の融資を行って、実質的に返済猶予などが広がることを通して、資本性融資という返済なしの貸出を積極的に行うことにしましたし、一方、民間の大企業や中堅

企業に対しても、返済がなく自己資本比率を高めるような資本支援を積極的に行うように推奨することになりました。

もともと資本支援や資本投入については、融資と同様に、成長政策と社会政策の性格がありますが、この新型コロナウイルス危機では、旅行・宿泊業などの業種によって、大企業から中堅・中小企業、さらには、家族経営の小規模零細企業まで、一斉に業績不振になる場合は、資金繰りが回らず融資実行時に決めた毎月返済や期日返済もできなくなってしまいますので、まずは、社会政策的な資金支援が必要になるのです。

このような恐慌に相当するような急激な不況時には、最低限の経済活動や生活維持をしなければなりませんから、巡航速度に向かう社会政策が必要になるのであり、原則として返済を求めない資本を投入する資本支援に頼らざるを得ません。同様に、2008～9年のリーマンショックの時も、特に、中小企業や小規模企業の資金繰りが枯渇したことから、金融円滑化法で返済猶予の特別措置を行いました。その後、この特別措置が長く続いていますが、結果として、企業倒産を回避することができ、最近数年間は戦後最低の倒産率を維持してきました。金融円滑化法の返済猶予で、金融機関への返済を留保したことが、約10年間続き、中小企業の資金繰りを支えてきました。

この社会政策的な支援の返済猶予が、実質、返済のない融資を広げるということになって、資本投入・資本支援の浸透になりました。そのために、ゾンビ企業が生き残ったとか、生産性の低い企業や、内部統制の弱いガバナンスの低い企業が存在し続けているとも言われていますが、とにかく、中小企業の資金繰りは、その間、比較的落ち着いていました。ちなみに、1990年代のバブル崩壊で返済が難しい企業を、金融検査マニュアル方式で、強制的に短期間に退出させ、「貸し渋りや貸し剥がし」の痛みを、多くの中小企業に強いた2000年代の初めの頃よりもリーマンショック後の最近の十数年間は、柔軟でソフトな金融環境が続き、中小企

業にとってはむしろ住みやすい環境になっていたようです。

　しかし、この返済猶予とは、金融検査マニュアルの見方では、「貸出条件緩和債権」という問題融資の一つになり、中小企業としては、「債務超過は5年以内に解消する見込みがある」とか、「実現性の高い抜本的な経営再建計画を作成すること」などという条件を満たさなければ追加融資ができない建付けになっていました。最近は、このような金融検査マニュアルの条件を理由に、地域金融機関の融資担当者がまた融資を断ることが散見されるようになり始めました。

　そこで、金融庁は、金融機関が融資をもっと積極的に柔軟に行えるように、2019年に「金融検査マニュアルの廃止」を行うことになりました。すなわち、金融検査マニュアルに沿って、中小企業が形式的に財務の健全化を図るよりも、金融機関は中小企業の将来の実態的な成長を評価するようになってきたのです。中小企業の将来を全体的に、実質的に見ながら支援していこうというソフトランディングの健全化を目指すという結論になったのです。

　このような状況の下で、今回の新型コロナウイルス危機が生じ、大企業から小規模企業まで、資金繰りが苦しく、業績も大きく落ち込んでしまったのです。当然ながら、金融機関としては、「金融検査マニュアル廃止」の目的を踏まえて、取引先企業の資金繰りの苦しさや、損益の赤字状況また財務内容の毀損などを、機械的・画一的また形式的に見るのではなく、企業自体の将来を実態的に評価し、当面の返済を猶予する資本投入や資本支援を行う機運になったのです。企業自身が正常な返済をスタートできるまで、地域の大企業である民間の金融機関も、融資の社会政策の面を尊重しながら、地域の中堅・中小企業の自力再生を待つべきであるという流れになり、返済猶予や資本投入を積極的に行うべきであるということにもなったのです。

1）時間ギャップ充当融資

　新型コロナウイルス危機後に民間金融機関で一般化される返済なし融資（資本性融資）と、従来の金融機関で普及している時間ギャップ充当型融資の違いについて、解説していきます。時間ギャップ充当融資の典型的な融資は、仕入資金融資です。これは、在庫資金融資、売掛金融資、受取手形融資などということもあり、原料・材料・商品を仕入れますと、在庫になり、次にそれらの商品・製品などを販売し、売掛金や受取手形になって、数日後または数か月後に入金になります。この仕入資金を融資した場合は、販売後の売掛金や受取手形の入金で返済するようになります。この間の２か月・３か月の間が資金の立替え期間になり、２か月後・３か月後の入金までの間の融資を行うことになり、この２か月と３か月の「時間ギャップ」を、金融機関によって前倒しに「充当された」ことになるということです。

　この仕入れや在庫、販売、売掛金、受取手形からの入金について、金融機関の融資担当者に分かりやすく説明することが中小企業の融資説明のポイントになるということです。この資金の流れによって、融資の金額・期日・返済方法・資金使途が決まり、金融機関は融資実行の決定をするのです。その融資の期間、企業が健全に活動できるかを、格付けや財務分析でチェックすることが、融資の審査というものです。このようなキャッシュフローや企業自体の存続が不安になる場合は、担保を設定してもらうということです。この一連の仕入資金融資の支援によって、借り手企業は、仕入資金と売上資金の差額の利益が得られ、その利ザヤの中から借入利息の支払いを行います。この仕入活動を繰り返すことによって、企業は期中において内部に利益が貯まっていくのです。

　以下の図では、２か月間と３か月間の時間ギャップを金融機関は取引

先に前倒し資金として提供したということです。

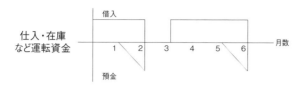

賞与資金融資の返済財源は、毎月の定額の積立金（引当金）です。賞与は、半年間の従業員の働きに対して、経営者から報酬ということで支給するものです。したがって、この融資は、ほぼ6か月間の給与の前払い資金であり、融資後、毎月同額の返済を行うことになります。この前払い資金に対する、毎月返済の融資には、決算（納税）資金融資があります。

以下の図では、6か月の前払い資金融資と毎月返済を表しています。

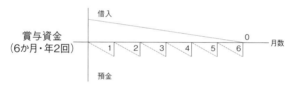

このように2〜3か月や半年間の融資は、金融機関が取引先の後日の入金に先立って、資金提供をすることで、同期間の「時間ギャップ充当」を行うということです。

住宅ローンならば、金融機関が返済期間30年間の時間ギャップ充当をし、その住宅により、借り手の結婚生活、子育て、教育、家族団欒、親の介護などの出来事に対して、その楽しみや喜びを、前倒し資金として提供するということです。このように、金融機関の融資は返済期日まで、借り手に前倒しで満足を与えるものであり、その間の楽しみや喜びの対価が融資の利息支払額であると言われていました。

したがって、融資は、融資期間と返済期日の時間や、その間の時間ギャップの効用によって貸出金利は決まっていました。

2）資本性融資

　しかし、資本性融資は、時間ギャップ充当融資とは、融資期間と返済期日また効用の考え方が異なっています。資本性融資は、元本の返済はありませんし、当然ながら、返済期日や返済期間もありません。また、資金の効用も時間ギャップ充当融資と逆になり、業績が悪く資金ニーズが大きいときは無配当（金利が低い）になりますし、利益が上がって相対的に資金ニーズが下がったときには高配当（金利が高い）になります。

　資本性融資は、従来の時間ギャップ充当融資と逆に、資金の受け手の企業にとっては実に有難い融資であり、財務体質の強化につながります。資本性融資は、自己資本を高める効果もあり、金融機関が最も重視する経営指標の自己資本比率を高めることになります。

《企業のバランスシート》

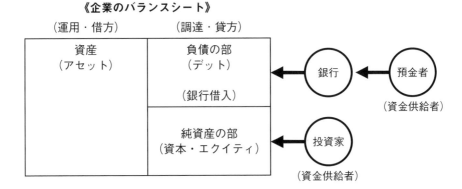

　これをバランスシート（B/S：貸借対照表）で表すと上図のようになります。すなわち、B/Sの「運用・借方」の資産は、「調達・貸方」の銀行借入と資本で支えられていると見ることができます。業績が好調になれば、金融機関は融資増加を図り、他行との競争上、金利は引き下げていくものです。資本については、利益が増加すれば、配当率が高くなって、純資産の増加になるはずです。そして、融資増加することの方が成長へのレバレッジ（梃子効果）は大きくなるものです。

　逆に、業績が悪化する場合は、金融機関は預金者のリスクを守るために融資の圧縮を図り、金利はリスクが増加することで、引き上げることになります。資本については、利益がマイナスならば、配当は無配または低下し、ほとんど純資産の増加はなく、時には債務超過になるかもしれません。融資についても、逆のレバレッジ（梃子効果）となりますが、この時こそ、資本への追加効果、すなわち劣後ローンや優先株式の投入の効果は大きいことになるものです。

　そのために、企業業績が落ち込んだ時には、金融機関が既存の融資を資本性劣後ローンという、返済のない実質的な資本投入に変えて、企業への支援を強める施策を講じることもあります。

　このことは、金融庁のホームページの金融検査マニュアル別冊〔中小企業融資編〕の「知ってナットク！中小企業の資金調達に役立つ金融検査の知識」に以下のように述べられています。

　すなわち、資産より負債が大きい分を債務超過と言い、その負債はもともと預金者の資金ですから、返済を迫られたり金利を引き上げられてしまいますが、その債務超過部分を資本にみなすことができれば、返済を迫られず、金利も引き上げられないことになります。他の金融機関からも、実質的な自己資本比率が高まれば、信用力も高まって、追加融資を受けられる可能性から出て来ることになります。自己資本比率が高まることは、どんな資金使途にも対応でき安定資金の資本の比率が増加するということであり、それだけ財務体質は高まることになるのです。

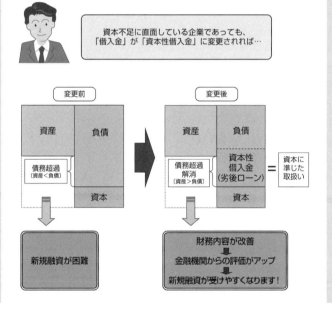

「資本性借入金」について
~資本不足に直面している方々のために~

金融庁では、金融機関に対し、資本不足に直面しているものの、将来性があり、経営改善見通しがある企業には、「資本性借入金」の積極的な活用を検討するよう要請しています。

資本不足に直面している企業であっても、「借入金」が「資本性借入金」に変更されれば…

変更前

資産	負債
債務超過 （資産＜負債）	
	資本

新規融資が困難

変更後

資産	負債
債務超過 解消 （資産＞負債）	資本性 借入金 （劣後ローン）
	資本

＝ 資本に準じた取扱い

財務内容が改善
金融機関からの評価がアップ
新規融資が受けやすくなります！

　資本性借入金（資本性融資）すなわち資本支援の事例として、以下の2つのケースが紹介されています。

　まず、水産物の冷凍倉庫業者Ｆ社の場合は、大地震による津波被害で、冷凍倉庫が全壊となりましたが、Ｆ社の顧客がなくなり、営業力が消滅したわけではなく、当社の顧客や営業力は存続しています。資本性借入金への条件変更が認められれば、財務内容も今後の営業活動も問題なし

とみなされて、多くの金融機関から支援を受けて、当社のその後の努力によって、再生できることになりました。

　次の精密機械製造業者G社は、急激な円高の進行で、赤字を出して債務超過になりました。ただし省力化投資を行えば、当社の技術力で収益は回復して、V字回復も可能と思われています。円高によって業況は窮境でしたが、資本性借入金により、資金繰りが安定し財務内容も高まり、他行の支援も得られました。社長を含めて全員で営業活動に注力して、業績は黒字化できました。この資本性借入金のおかげで、企業内部の活動力を高め、経営者なども資金調達に忙殺されず、当社のもともとの技術力によって、業務は再生しV字回復となりました。

　このように、資本性借入金で、両社の窮境を克服することができました。

「資本性借入金」活用のメリット

①資金繰りが改善されます。
　・長期の「期限一括償還」が基本であり、資金繰りが楽になります。
　・業績連動型の金利設定が基本であり、業績悪化時は金利が低くなります。

②金融機関から新規融資が受けやすくなります。
　・「資本性借入金」を資本とみなすことで、財務内容が改善され、新規融資が受けやすくなります。

事例6 水産物の冷凍倉庫業者F社のケース

😰 大震災による津波被害で冷凍倉庫が全壊（資産が滅失）したことから、債務超過に転落しており、新規融資を受けることが困難。

😊 新規融資を受けて、冷凍倉庫を新築することができれば、収益力は被災前の水準に回復する見込みが高い。

😊 F社に融資を行っている各金融機関（G銀行を含む）により、当社の経営努力が経営改善につながると評価され、「資本性借入金」への条件変更が認められた。
　⇒債務超過が解消し、財務内容が改善。

😊 G銀行から新規融資を受け、冷凍倉庫を新築し、収益力は順調に回復。

😊 「資本性借入金」については、長期の「期限一括償還」であったため、資金繰りの改善にも寄与。

事例7 精密機械製造業者G社のケース

😰 高い技術力を背景に順調に業績を伸ばしていたが、急激な円高の進行により、採算性が悪化したことから、債務超過に転落しており、新規融資を受けることが困難。

😊 新規融資を受けて、省力化投資を行うことができれば、収益は回復する見込みが高い。

😊 F社に融資を行っている各金融機関（H銀行を含む）により、当社の技術力が評価され、経営改善計画を策定の上、「資本性借入金」への条件変更が認められた。
　⇒債務超過が解消し、財務内容が改善。

😊 H銀行から新規融資を受け、省力化投資を実施。

😊 「資本性借入金」については、業績連動型の金利設定であり、投資効果が現れるまでは、金利負担が抑えられたことから、資金繰りが改善。
　その後、業績がV字回復し、業績好調時の金利を払うところまで回復。

資本性融資・エクイティファイナンス⇒債務償還年数が立てられないほどの窮境⇒債権者と債務者の協働施策⇒SDGs思考が支援の意思決定のポイント⇒モニタリングの重要性⇒ステークホルダー資本主義とモラルハザードに注力⇒金融機関担当者のスキルアップ

3）2回目の返済なしの資本支援（資本投入・返済猶予）でも毅然として申請する

　2009年の金融円滑化法（中小企業等に対する金融の円滑化を図るための臨時措置に関する法律）の資本支援に続き、今回の新型コロナウイルス危機により、資金繰りが窮境になった企業に対して、再度、資本支援を行うという新聞報道が出ています。

　金融円滑化法の場合は、「経営改善計画書を1年以内に金融機関に提出するならば、1年間は返済を猶予する」という内容でした。そのおかげで、多くの中小企業が返済猶予を受けましたが、その後、1年が経過しても、多くの中小企業は経営改善計画書を提出しないまま、返済猶予が続いています。気が付けば、それから10年が経っており、未だに約30万社の企業が返済猶予を受けていると言われています。これらの企業については、新型コロナウイルス危機後の資本支援を受けられるか、不安になっているようです。

　しかし、新型コロナウイルス危機は、中小企業にとって桁外れに大きな危機であることから、たとえ、金融円滑化法の返済猶予に決着がついていなくとも、今回は、特別な処理を受けることができると思います。今までも、中小企業としては経営改善計画を作成する意向はあるものの、金融機関の計画提出への要請や返済猶予の中止の行動は、それほど強いものではなく、『赤信号、みんなで渡れば怖くない』的な空気が流れていたことも否めないものと思われます。

　したがって、新型コロナウイルス危機後の対応としては、既に返済猶予の借入れがあったとしても、胸を張って毅然として、各金融機関に返済猶予を申請することをお願いに行くべきであると考えられます。10年前の金融円滑化法以来の返済猶予を気にして、今回は自社には返済猶予申請をする権利はないなどとは思わず、金融機関には、真正面から返済猶予のお願いに行くべきということです。自社のみが、金融円滑化法以

来の返済猶予を続けており、他の企業は返済猶予などは行っていないなどと思い込んで、新たに返済猶予の申請を遠慮する必要はありません。

と言うのは、新型コロナウイルス危機後の民間の金融機関については、融資に対して、社会政策的な考えが強くなり、平常時の成長政策的な考え方が弱くなっていますし、他の企業も同様に資金繰りに苦しんでいるからです。

4）企業の資本性融資の申込姿勢

新型コロナウイルス危機では、中小企業の多くの売上が急減し、将来の見通しが立たず、資金繰りも窮してしまいました。中小企業の経営者が一斉に、救済融資や救済保証を申込みに、公的金融機関である日本政策金融公庫や商工中金また信用保証協会に集中しました。どこの公的金融機関の窓口も混雑し、3密防止下、対応に窮することになりました。

同時に、民間の金融機関も、金融庁からの取引先支援の要請を受けて、融資の前向きの対応に注力することになりました。特に、5月の連休明けからは、民間の金融機関でも前述の「実質無利子・無担保の据置き最大5年融資」を扱うようになり、「セーフティネットや危機関連の保証」も積極的に受け付けるようになって、取引先が集中し、各融資担当者も顧客対応で手一杯になってしまったようです。

さらに、中小企業の中には、新型コロナウイルス危機をきっかけに、高齢の経営者が廃業や清算の相談に、金融機関を訪問することも増加し、実際、緊急事態宣言後の4月以降は、中小企業の融資などの相談で、融資担当者は手が回らない状況になっていました。

とは言いながら、それぞれの中小企業は、このような窮境の時は、堂々と胸を張って、融資の申込みや相談を、金融機関の担当者に行うべきです。金融機関の担当者の顔色を見ながら、忙しいから出直して来ようとか、機嫌が良いとき、また暇な時に相談しようなどという、遠慮・配慮

などは一切する必要はありません。

　中小企業にとっては、金融機関への返済猶予や毎月の返済金額の軽減化が、手元資金を残す最善の手段であって、自社やその従業員のためにも、金融機関の融資担当者への気遣いなどは、全く不要です。このような時は、世間話などの前置きは行わずに、直接、「いくらの借入れをいつまでにお願いします」と結論から話して、できれば、その内容を箇条書きにして書面で依頼しておくことがポイントになります。そして、金融機関の融資担当者との対話の時間がないときは、後刻、その融資担当者に電話やメールで再確認すること、もし、その担当者とコンタクトができない時は、その上司に連絡することが大切です。金融機関は大企業であり、自社の融資担当者ばかりではなく、その上司も自社に対して責任があるのです。

　また、今までの融資審査については、「借り手企業は、まな板の上の鯉であり、貸し手金融機関は鯉を捌く板前さん」というイメージを持っていたかもしれませんが、資本性融資審査においては、金融機関として、借り手企業の経営理念や内部統制姿勢などを見極めて、協働パートナーとして超長期に地域貢献を行う先であることが、審査の要件になってきます。そのためには、金融機関と融資企業の間では、相互に対話ができる対等な関係が必要であり、意見交換が必須となります。自社の経営方針や事業方針を、胸を張って述べることが必要になります。

5）企業の資本性融資の申込時に必要な資料

　時間ギャップ充当融資については、融資申込み時に持参する資料は、「自社の過去の決算報告書」「試算表」「資金繰り予定表」と、「借入れ希望日」「金額」と「返済期日」「返済方法」「資金使途」の5点の情報提供が必須になっていますが、資本性融資については「自社の過去の決算報告書」「試算表」「資金繰り予定表」は同じですが、その他の資料として

は、「借入れ希望日」「金額」を示すものであって、「返済期日」「返済方法」「資金使途」についてはその関連情報は必要ありません。資本性融資は実質的に返済がなく期日もない資金投入をすることですから、経営改善計画や将来に対する方針、新型コロナウイルス感染防止策との親和性のある方針に関する資料の提出は、必須といえます。金融機関としても、それらの資料から将来の企業としての成長性を見て、地域貢献に対する協働パートナーとなることを検証するために、必要で有難い資料と思います。

　たとえば、経営改善計画においては、売上拡大や費用圧縮また計画に沿った組織改革などを詳しく説明した資料については、説得性・納得性があるものとして歓迎されます。また、「IT・AIによる業務改革」「異業種などとの業態連携」「労働スキルの多様化」「医療による地域機関との連携」について具体的に解説され、現在の３密防止、テレワーク励行、医療本位制への方針や施策と整合性がある資料は評価されます。

　さらには、「地域における自社の地域貢献や役割を明らかにする」ためには、「RESAS（地域経済分析システム）」、「経済センサス」「まち・ひと・しごと創生総合戦略」「自社のHP」や「自社の属する業界のHP」のコピーなども、企業の外部環境を客観的に捉える資料として有難いものになります。

６）企業の資本性融資の申込時の心構え

　資本性融資は、資金の受け手の企業にとっては、返済負担がない上に、財務体質の強化につながり、金融機関が最も重視する経営指標の自己資本比率も高めることにもなります。この資金は、上場企業であれば株式への投資資金に当たり、企業として社会に対して責任を果たす裏付けになっています。

　最近では、上場企業は、SDGsの17の目標やコーポレートガバナンス・

コードが、企業としての社会への責任のガイドラインになっています。地域金融機関も、多くは上場企業であり、信用金庫も信用組合もこれに準じる機関として、SDGsの17の目標やコーポレートガバナンス・コードを遵守しています。2019年12月には、「金融検査マニュアル」が廃止され、各金融機関はそれぞれの金融機関独自の経営理念や内部の組織・体制に沿って、融資方針や審査基準を決めて、動き始めていますが、そのガイドラインも、SDGsの17の目標やコーポレートガバナンス・コードとも言われています。

　ということで、金融機関から融資を受けている企業、まして、資本性融資を受ける企業にとっては、SDGsの17の目標やコーポレートガバナンス・コードについては、その概要は理解して、極力、遵守することが重要であると思います。ちなみに、SDGsの17の目標は、既に述べましたが、コーポレートガバナンス・コードは以下の通りです。

●コーポレートガバナンス・コードとは

　以下は、2018年6月1日改訂の株式会社東京証券取引所のコーポレートガバナンス・コードの抜粋です。

コーポレートガバナンス・コードについて

　本コードにおいて、「コーポレートガバナンス」とは、会社が、株主をはじめ顧客・従業員・地域社会等の立場を踏まえた上で、透明・公正かつ迅速・果断な意思決定を行うための仕組みを意味する。

　本コードは、実効的なコーポレートガバナンスの実現に資する主要な原則を取りまとめたものであり、これらが適切に実践されることは、それぞれの会社において持続的な成長と中長期的な企業価値の向上のための自律的な対応が図られることを通じて、会社、投資家、ひいては経済全体の発展にも寄与することとなるものと考えられる。

【株主の権利・平等性の確保】

1. 　上場会社は、株主の権利が実質的に確保されるよう適切な対応を行うとともに、株主がその権利を適切に行使することができる環境の整備を行うべきである。

　　また、上場会社は、株主の実質的な平等性を確保すべきである。

【株主以外のステークホルダーとの適切な協働】

2. 　上場会社は、会社の持続的な成長と中長期的な企業価値の創出は、従業員、顧客、取引先、債権者、地域社会をはじめとする様々なステークルダーによるリソースの提供や貢献の結果であることを十分に認識し、これらのステークホルダーとの適切な協働に努めるべきである。取締役会・経営陣は、これらのステークホルダーの権利・立場や健全な事業活動倫理を尊重する企業文化・風土の醸成に向けてリーダーシップを発揮すべきである。

【適切な情報開示と透明性の確保】

3. 　上場会社は、会社の財政状態・経営成績等の財務情報や、経営戦略・経営課題、リスクやガバナンスに係る情報等の非財務情報について、法令に基づく開示を適切に行うとともに、法令に基づく開示以外の情報提供にも主体的に取り組むべきであ

る。その際、取締役会は、開示・提供される情報が株主との間
で建設的な対話を行う上での基盤となることも踏まえ、そうし
た情報（とりわけ非財務情報）が、正確で利用者にとって分か
りやすく、情報として有用性の高いものとなるようにすべきで
ある。

【取締役会等の責務】

4．上場会社の取締役会は、株主に対する受託者責任・説明責
任を踏まえ、会社の持続的成長と中長期的な企業価値の向上を
促し、収益力・資本効率等の改善を図るべく、

⑴企業戦略等の大きな方向性を示すこと

⑵経営陣幹部による適切なリスクテイクを支える環境整備を行
うこと

⑶独立した客観的な立場から、経営陣（執行役及びいわゆる執
行役員を含む）・取締役に対する実効性の高い監督を行うこと

をはじめとする役割・責務を適切に果たすべきである。

【株主との対話】

5．上場会社は、その持続的な成長と中長期的な企業価値の向
上に資するため、株主総会の場以外においても、株主との間で
建設的な対話を行うきである。

　なお、このコーポレートガバナンス・コードは、株式会社東京証券取
引所のコーポレートガバナンス・コードの抜粋ですので、一般の中堅・
中小企業にとっては、やや敷居が高く思われるかもしれません。概して、
中小企業の経営は、「大株主の社長が取締役会の意向や監督もあまり聞
かず、情報開示もしないまま、ワンマン経営を行っている」と言われて
いますので、このコーポレートガバナンス・コードの「1．株主の権利・
平等性の確保」と「5．株主との対話」の項目についてはやや違和感が
あります。ただし、「2．株主以外のステークホルダーとの適切な協働」
「3．適切な情報開示と透明性の確保」「4．取締役会等の責務」の各項

目については、その遵守が重要になっています。

　つきましては、中堅・中小企業については、後述のローカルベンチマークの非財務情報の４つの視点、すなわち、「①経営者への着目、②関係者への着目、③事業への着目、④内部管理体制への着目」が、コーポレートガバナンス・コードを読み替えて、中堅・中小企業の実態を把握する有効な視点となっていると思われます。

第2部

新型コロナウイルス危機後の
金融機関の
変化を踏まえた
融資交渉

1 企業格付けは金融検査マニュアル公表から広がった

　新型コロナウイルス危機に先立つ、2019年12月に、「金融検査マニュアル」が廃止になりました。金融検査マニュアル公表後、金融機関の融資審査は、金融機関の貸出資産の引当金積上げの行程である「債務者区分」算出の手法を利用するようになりました。

　この「債務者区分」算出の手法は、次ページのようなスコアリングシートで、定量分析を行い、次に、金融検査マニュアル別冊（中小企業融資編）の事例に沿った定性分析を実施して、企業分析を行いました。これらの定量分析と定性分析で、融資先企業のランク評価である格付けが決められ、企業審査の客観性や透明性が達成できるようになりました。

　というのは、金融検査マニュアルが公表される前の、企業の審査は次ページの格付け算出プロセスにおける、左側の上部の参考要因の5つの項目を総合的に評価して企業の実力や融資の可否の判断をしていました。企業の貸出実績、担保（裸与信）、地元業界評判、他行シェア、業績の各項目を評価して、融資担当者やその上司また本部の審査部メンバーなどが合議して、融資の判断をしていました。しかし、この判断は、恣意的なところが多く、判断される企業としても、その金融機関の判断には納得性が乏しいと言うようになりました。また、金融機関内部でも、貸出資産のリスク度で積み上げる引当金の判断には、客観性や透明性が足りないと言われるようになっていました。

　そこで、この企業判断のために、左側の中段以下の1次評価として「定

●「中小企業格付」の全体像

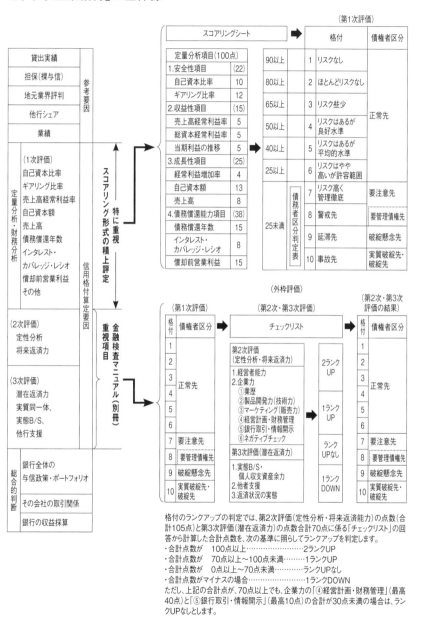

格付のランクアップの判定では、第2次評価(定性分析・将来返済能力)の点数(合計105点)と第3次評価(潜在返済力)の点数合計70点に係る「チェックリスト」の回答から計算した合計点数を、次の基準に照らしてランクアップを判定します。
・合計点数が　　100点以上……………………2ランクUP
・合計点数が　70点以上〜100点未満………1ランクUP
・合計点数が　0点以上〜70点未満…………ランクUPなし
・合計点数がマイナスの場合………………………1ランクDOWN
ただし、上記の合計点が、70点以上でも、企業力の「④経営計画・財務管理」(最高40点)と「⑤銀行取引・情報開示」(最高10点)の合計が30点未満の場合は、ランクUPなしとします。

量分析・財務分析」を行い、それから２次評価・３次評価を重ねました。その具体的な手法は、右側のスコアリングシートやチェックリストを活用するようになりました。このプロセスを経ることによって、企業審査の客観性や透明性が認められ、このプロセスを経て、金融検査マニュアルの債務者区分の評価の客観性・透明性も維持可能になりました。そして、金融庁検査も、このスコアリングシートやチェックリストの活用を認めるようになりました。

その後、金融検査マニュアルが廃止されることになりましたが、その後の金融庁もガイドラインである「金融検査・監督の考え方と進め方／検査・監督基本方針（2019年６月）」において、「このマニュアルが廃止されようとも、このマニュアル廃止は、現状の実務の否定ではなく、より多様な創意工夫を可能とするために行う」と明記しました。このことは、各金融機関で独自に新方針を明確にしない限り、これらは生き続けることになるということです。

したがって、ここで述べた格付けについては、中小企業の融資審査において、今後とも生き続けていくはずですから、中小企業の経営者や幹部の皆様は、引き続き習得しておくべきです。

新型コロナウイルス危機後については、返済なしの融資や返済猶予が広がっていきますが、この「返済猶予」とは今まで決めていた返済を中断することですから、見方を変えれば「延滞」ということになります。今までの金融取引の常識では、督促をされても返済しないことを「延滞」と言いますので、自社がその延滞先に認定されることは、避けなければなりません。「延滞」先になってしまうと、その後、金融機関内部のルールで新規の貸出はできなくなってしまいます。

一方、金融機関が事前に了承した「返済猶予」ならば、その先には、引き続き新規貸出もできます。「返済猶予」を金融機関が納得しているならば、企業格付けも下がらず、新規の融資も、原則として受けられると

いうことです。

　「返済猶予」を資本支援とみなすことができるならば、企業のバランス
シート（貸借対照表）の純資産（資本）の部が高まり、その企業の格付
け（債務者区分）が維持されるか、格付けがレベルアップすることもあ
ります。そのためには、格付け（債務者区分）の評価メカニズムを十分
理解しておく必要があります。

2 ｜「返済猶予」を申請しても企業格付け（債務者区分）を下げられな ｜ い交渉術

　以下の事例を読んでください。

　経営者が銀行の融資担当者を訪問した時の会話です。

Q&A ❶

経営者：今月の返済は待ってもらえませんか。いつも月末に入金し
　てくれる売り先から、今朝、月末の入金はできないという連絡が
　ありました。「来月には、2か月分をまとめて支払いますから、今
　月の返済は待っていただけますか」ということでした。

銀行：先月も取引先からの入金が入らず、当行の毎月の返済が遅れ
　て、数日後に会社の定期預金を崩され、その一部で返済を行いま
　したね。

経営者：あの時は、仕入先の支払いを延ばそうとしましたが、難し
　くなり、やむを得ず、会社の定期預金を崩して、結局、御行には
　迷惑をかけてしまいました。

銀行：少し前のことですが、やはり入金が遅れて、2～3日後には
　返済を行いましたね。その時は、社長の個人定期預金を解約して、
　その返済に充てられましたね。

経営者：実際、私どもは、何回か返済が遅れましたが、今回は、新
　型コロナウイルス危機後の措置で、「返済猶予」の申込みを行え

ば、その返済は待ってもらえると聞きましたが……？

銀行：確かに、その措置は実行されていますが、この措置で返済を待つことができるのは、事業が改善できるとか、将来の再生が見込める企業に限られています。御社は、延滞するたびに、「資金繰り予定表」を提出すると言いながら、もう何か月もその資金繰り予定表の提出がありませんね。毎月の試算表もいただけませんね。これでは、私ども金融機関としても、将来の再生などの判断ができません。「返済猶予」は難しく、「延滞」になる可能性も大きいですね。

経営者：では、新型コロナウイルス危機後の措置は使えず、当社は「返済猶予」の申込みを行っても、その返済は待ってもらえないのですか。

銀行：御社が早急に経営改善計画を出してくれれば、再度、返済猶予は考えたいと思いますが、いかがでしょうか。

経営者：そうですね。当社は下請企業ですから、なかなか将来の売上の見通しが立てられません。ですから、経営改善計画の策定はなかなか難しいですね。

銀行：引き続き、資金繰り予定表も、試算表も、また経営改善計画も出してもらえないならば、御社の借入れ返済の実績からは、今回の「返済猶予」扱いは、やはり難しいですね。社内の皆様で相談して、何とかして、「経営改善計画」を出してもらえませんか。

経営者：ですから、当社は下請企業ですから、将来の売上や費用の予測によって作成する経営改善計画は、なかなかできないということなのです。

銀行：このままの状態が続くようであっては、やはり「延滞」扱いになってしまいますね。御社は、何期も赤字が続き債務超過先になっていますから、このように「延滞」が続きますと、債務者区

分は「破綻懸念先」となり、少なくとも、新たな担保の差入れや貸出金利の引上げをお願いするようになると思います。以下の表は、金融検査マニュアルの債務者区分の記載内容にそって、判定表にしたものです。「延滞が3か月以上」続きますと「前期のみの債務超過」であっても、C（破綻懸念先）の債務者区分になり、さらに、「延滞が6か月以上」になると、決算書が黒字であっても、C（破綻懸念先）の債務者区分になってしまうことを表しています。

●金融検査マニュアル型の格付け評価早見表

形式的基準による「債務者区分の判定表」（除く、破綻先E）

決算書の状況			借入金の返済状況						
債務超過	黒字赤字	繰越損失	延滞なし	延滞1か月以上	延滞2か月以上	金利減免条件変更	延滞3か月以上	延滞6か月以上	延滞1年以上
なし	黒字	なし	A	B	B	B'	B'	C	C
なし	黒字	繰損	B	B	B	B'	B'	C	C
なし	赤字	なし	B	B	B	B'	B'	C	D
なし	赤字	繰損	B	B	B	B'	B'	C	D
前期のみ債務超過			B	B	B	C	C	C	D
2期連続債務超過			B	C	C	C	C	D	D

債務者区分

債務者区分		内　容
正常先	A	業績が良好であり、財務内容にも特段問題のない債務者
要注意先	B	業績低調、延滞など、今後の管理に注意する債務者
要管理先	B'	要注意先のうち、要管理債権のある債務者
破綻懸念先	C	現在、経営破綻の状況にないが、今後、経営破綻が懸念される債務者
実質破綻先	D	法的・形式的な経営破綻の事実はないが、実質的に破綻に陥っている債務者
破綻先	E	法的・形式的な経営破綻の事実が発生している債務者

経営者：では、新型コロナウイルス危機後の返済猶予の申込みを行うことが、債務者区分を下げることになってしまい、かえって、

当社の担保条件や適用金利にまで、マイナスの結果になってしまうということですね。

銀行：「返済猶予」の申込みと債務者区分の引下げは、厳格にリンク（連動）するわけではありませんが、「返済猶予」の申込みの時には、自社は将来再生できることを表す「資金繰り予定表」「試算表」「経営改善計画書」などを用意し、その内容を詳しく説明していただきたいものですね。

コメント

　金融機関が取引先から返済猶予の申し出を受けた場合は、事業改善や再生が可能か否かの判断を直ちに行わなければなりません。その際には、金融機関は「資金繰り予定表」「試算表」「決算報告書」「経営改善計画書」などの資料が必要になります。金融機関と相互理解のコミュニケーションを図るためには、中小企業も、これら資料の作成や、情報開示の努力は欠かせないものです。

　もし、金融機関が、「今後、この取引先は、再生できる見込みなし」と判断してしまうと、その返済猶予は単に返済遅延である「延滞」と解釈されるのです。「延滞」と判定されると、上記の「金融検査マニュアル型の格付け評価早見表」の通り債務者区分の引下げとなります。融資における与信管理では、まず、企業が既存の借入れを当初の約束通りにキチンと返済しているか、延滞をしていないか、もしも延滞をしているならばその延滞回数は何回かなどを見ます。次に、決算書で黒字・赤字、繰越損失、債務超過、その債務超過の年数を見て、その格付け（債務者区分）を決定します。そして、格付け（債務者区分）が決定すると、金融機関は、企業への取引条件や貸出金利の水準の目途を決めます。

　正常先ならば信用貸出を、要注意先ならば毎月返済付き貸出を、要管理先ならば担保提供の交渉を、破綻懸念先ならば貸出残高を増やさず極

力圧縮を、実質破綻先・破綻先ならば担保処分で貸出残高削減を、とい
うように取引条件が決められます。貸出金利も、原則、正常先から要注
意先・要管理先へと徐々に引き上げられていきます。また、要管理先・
破綻懸念先・実質破綻先・破綻先は金融再生法（金融機能の再生措置の
ための緊急措置に関する法律）では不良債権先に扱われますので、金融
機関は、これらの先に対しては特別な扱いをします。

　新型コロナウイルス危機後の措置においても、金融機関のこの原則は
不変です。格付け（債務者区分）を決定する「延滞」については、金融
機関は神経質になります。返済猶予とは、延滞とまさに隣り合わせにな
っており、返済が遅れるという点ではほとんど変わりません。したがっ
て、返済猶予を申請する中小企業は、くれぐれも、金融機関に「延滞」
として扱われないことに注意を払ってください。

　金融機関に返済猶予を申請して、金融機関が要求する書類を提出しな
いまま、約束した返済を行わなかったら、これはほとんど「延滞」とし
て扱われてしまいます。このケースも、金融機関から、結局、返済猶予
申請を延滞と解釈され、債務者区分引下げとなり、融資条件はさらに厳
しくなってしまったものと思われます。

　現在、金融機関の中小企業融資の実行や取引条件の変更などは、ほと
んど格付け評価（債務者区分評価）によって、決定されています。借り
手企業としては、金融機関から頼まれた預金の積上げ、投資信託の購入、
追加担保の差入れなど、いろいろ協力したとしても、その借り手の格付
け評価（債務者区分評価）が下がってしまった場合は、金融機関は、手
の平を返すような厳しい態度になってしまいます。

　そのためにも、金融検査マニュアル型の格付け（債務者区分評価）に
ついては、中小企業は十分に習得しておくことをお勧めします。新型コ
ロナウイルス危機後の措置がいかに寛大であろうとも、金融検査マニュ
アルが廃止になろうとも、金融機関の融資担当者の頭の中には、債務者

区分という格付けは、今後とも残っているのです。

　とは言うものの、この格付け（債務者区分評価）の決定手法は、絶対的なものではなく、取引先自身の地域貢献や実質的な非財務情報また信頼できる将来の見通しなどが実証されるならば、格付けのランクアップはあります。しかし、一般的には、なかなかその内容を融資担当者が上司や本部メンバーに納得してもらうことは難しいようです。

3 ┆ 返済猶予申請でも不良債権にならない特別な条件 (貸出条件緩和債権の卒業基準)

Q&A ❷

経営者：今月末の返済は待ってもらえませんか。新型コロナウイルス危機で売上が大きく落ち込んでしまい、仕入れや経費の削減努力を続けてきましたが、なかなか収益改善が図れず、ついに収支状況も悪化し、しばらくの間、返済猶予をお願いしたいと思います。

銀行：事情はよく分かりますが、その収益悪化はいつごろ改善するとお考えですか。返済猶予はどのくらいの期間でしょうか。

経営者：弊社としては、正直申し上げて将来の予想が立たないのです。当社の販売先は、日本の有名な輸出企業ですから、弊社のような中小企業では、とても自社だけでは予測を立てることはできません。

銀行：とはいっても、当行としても、期限も決めずに返済猶予を行うことはできませんので、何とか資金繰り予定表と経営改善計画を提出してください。

経営者：しかし、私どもとしては、将来の予測が立たない以上、計画を金融機関に提出することはどうしてもできませんね。販売先の輸出が戻るまでは、現在のまま様子をみるしかないと思います。

もちろん、他に販売ルートを開拓したいとも考えていますが、やはり新規先の開拓については一朝一夕にはできませんので、将来の見通しも厳しいですね。

銀行：では、御社はどうしても経営改善計画を提出してもらえないということですか。

経営者：そうですね。弊社としては金融機関さんに自信のない計画は出せませんからね。

銀行：とはいっても、今までの御社の実績と当地域における御社の影響力から考えて、当行としても、御社が行き詰まるようなことにはなってもらいたくないのです。再度、お聞きしますが、御社の資金繰りでは、どのくらいの期間、当行が返済猶予をすればよいのですか。

経営者：それでは、取りあえず6か月返済猶予してくれますか。

銀行：その返済猶予後は、毎月いくらくらいならば返済が可能と思われますか。

経営者：そうですね。ざっくばらんに言って、毎月100万円くらいならば、返済を続けられると思います。

銀行：では、毎月100万円くらいの返済を行う資金繰り予定表を作成してください。今度の新型コロナウイルス危機後の措置やそれに伴う公的金融機関の関連融資、また行政機関の補助金・助成金は、中小企業にとって救世主になるものと思います。そのためには、自社の事業改善や再生の可能性を、積極的に公的機関などに情報開示しなければなりませんよね。民間の金融機関であろうとも、返済猶予を申請する企業には、公的機関と同様に、事業改善や再生の可能性について認めることができないと、支援ができなくなるのです。受身の対応を続けてばかりいると、せっかくのチャンスも活用することができなくなってしまいますよ。また、従

業員の皆様も、社長の将来に向けた決断を待っていると思います
よ。

経営者：分かりました。よいご忠告、ありがとうございます。その
他に、弊社へのアドバイスはありませんか。

銀行：実は、御社からいただいた最近の決算書の内容を見ますと、格
付けのランクダウンの可能性が高くなっていますね。ぜひとも、
金融検査マニュアル別冊（中小企業融資編）の貸出条件緩和債権
の卒業基準の事例をよく読んで、その事例で御社が類似している
ケースがありましたら、必ず、当行に教えていただきたいのです
が……。

経営者：確か、金融検査マニュアル別冊（中小企業融資編）は、ス
コアリングシートで機械的・画一的に算出した格付けに対して、
その格付けを引き上げる事例を書いているものですよね。販売力
や技術力など、決算報告書に書かれていない企業の強みを強調す
れば、格付けの引上げができるようになると、説明されましたね。

銀行：その通りです。ですから、その事例で自社によく似たケース
を見つけて、報告してくださいと申し上げているのです。とにか
く、スコアリングシートで中小企業の格付けを評価すると、「売上
高や自己資本額」の数値の大きさで、大企業よりも低い格付けに
なってしまいますので、その是正策が必要ですよね。この格付け
の引上げ策が、金融検査マニュアル別冊（中小企業融資編）の事
例に書いてあるのです。大いに活用してください。

経営者：了解しました。早速、動いてみることにします。ありがと
うございました。

コメント

　金融検査マニュアルが廃止になって、金融機関は取引先に対して、より柔軟な格付け評価ができるようになったと言えますが、融資実行やその条件変更は、いまだに硬直的な金融機関のルールの下に委ねられているようで、取引先中小企業の経営者や幹部は、やや無力感を味わっているかもしれません。しかし、同じような無力感は金融機関の融資担当者も感じています。融資現場で、長い取引関係や地域での深いコミュニケーションがあろうとも、融資担当者は、大きな金融機関という組織のサラリーマンであり、金融検査マニュアルのガイドラインに縛られて、自分たちには自由に融資実行などすることができないのです。すなわち、金融機関と取引先企業の間には、金融検査マニュアルのガイドラインによる障害があって、融資担当者と取引先中小企業の連携努力がなければ、柔軟な融資の実行などはできないのです。

　金融機関から融資を受けるということで、金融機関に任せきりにして、取引先企業が情報開示の努力を怠り、また、融資担当者が金融検査マニュアルのガイドラインを表面的に読み込んで、取引先企業の実態を把握する努力をしないならば、その連携はうまくいかず、融資の実行等には至らないのです。

　金融機関の言うがままに、取引先が受身の姿勢に固執して、情報開示資料や自社の強みの説明を行わないならば、融資担当者としても稟議書という融資の申請書を自由に書くことができず、本部にいる意思決定者から承認を取ることもできないのです。たとえば、既存の融資に対して、金融機関内部で決められた融資期間よりも長い期日の融資を許容していたり、決められた金利よりも低い金利の適用を許していた場合は、その融資を「貸出条件緩和債権」という問題融資と認定して、その企業を特別扱いで特別に支援しているものと、みなされます。金融機関自身が、債務者の自力の経営再建や支援を目的として、金利の減免、利息の支払

猶予、債権放棄、その他の債務者に有利となるような取り決めを行う貸出金のことを「貸出条件緩和債権」と言います。金融円滑化法に伴う「元本の返済猶予」も、この貸出条件緩和債権に含まれます。

　今回の新型コロナウイルス危機後の措置の場合では、この特別扱いが金融機関の企業支援の障害になってしまいます。そして、この「貸出条件緩和債権」という問題となる貸出が1本でもあれば、その企業は要注意先から要管理先にランクダウンされ、柔軟な取引条件や有利な金利の適用をすることが、原則として、できなくなってしまいます。

　金融機関としては、格付け（債務者区分）を引き下げると、与信管理の注意を高めなければなりません。この「貸出条件緩和債権」許容に、客観的で妥当な理由がない場合は、その企業の格付けが下がり、融資に対し、一層制約が生じることになるのです。すなわち、取引先が金融機関とコミュニケーションを図ることもしないまま、自主的に企業再生の努力もしないで、「貸出条件緩和債権」の改善努力もしなかったならば、その格付けは下がってしまいます。企業が金融機関の融資担当者などに丸投げをし、情報開示の資料も提出しない場合は、金融機関としては、これを「貸出条件緩和債権」と認定せざるを得ず、ランクアップができないままになってしまいます。

　しかし、「金融検査マニュアル別冊（中小企業融資編）」は、そのように「貸出条件緩和債権」の認定を免れ、「貸出条件緩和債権」から脱出することが可能な事例を多く紹介しています。これらは「貸出条件緩和債権の卒業基準」「貸出条件緩和債権の除外条件」と言われ、企業の格付けのランクアップに通じることになります。具体的には、次のような融資企業のことです。

「フル引当で保全された貸出先」

「毎月の返済額を圧縮し期日に圧縮した返済金額の累計を一括して返済する、いわゆるラストヘビー返済にしたとしても将来返済力・潜在

「返済力がある先」

「本人や保証人が遊休不動産を保有している先」

「基準金利より低い水準の金利の適用がない先」

「債務超過は5年以内に解消する見込みの先」

「担保処分すれば貸出の半分以上が軽減できる先」

「実現性の高い抜本的な経営再建計画（売上高・費用・利益の想定が厳しく追加的支援を見込まない計画、債務者区分が正常先または要注意先になるのがおおむね5〜10年である計画）がある先」

　このような企業について、「金融検査マニュアル別冊（中小企業融資編）」の各事例の中に、「貸出条件緩和債権の除外条件（卒業基準）」などの内容は散りばめられています。もしも、不幸にして、自社の貸出の一部が金融機関から「貸出条件緩和債権」と認定されることになったり、認定されそうであるならば、その企業は上記の「貸出条件緩和債権の除外条件（卒業基準）」を再度熟読して、自社は同様な状況にある旨を、金融機関の担当者やその上司によく説明したり文書化して、救済措置を申請するべきと思います。

　すなわち、金融検査マニュアルの債務者区分の評価は、大企業・中小企業の区別なく設定していますので、どうしても中小企業はその実態よりも低く評価されてしまうのです。そこで、金融検査マニュアル別冊（中小企業融資編）では、その債務者区分をランクアップし、また「貸出条件緩和債権」と認定されないような、建てつけになっています。決算書などに表れない営業力・技術力・経営者の資質・含み資産や他社の支援などの定性分析情報があれば、その格付け（債務者区分）をランクアップすることができます。同様に、この「貸出条件緩和債権の除外条件（卒業基準）」に該当する場合も、貸出条件緩和債権から免れることになっています。このことから、要注意先の企業が、要管理先にランクダウンさ

れなくなり、金融機関はこの先に対して、柔軟な取引条件や有利な金利を適用することが可能になるのです。

　ただし、金融検査マニュアル別冊（中小企業融資編）は、金融機関の融資担当者に向けた「貸出条件緩和債権の除外条件（卒業基準）」や格付け（債務者区分）のランクアップ手法ですので、借り手企業自身がその内容を理解して、自社の定性要因・非財務情報・自社の強みなどを資料にして提出することは、金融機関の融資担当者の稟議・審査の強い味方となって、自社の評価を高めることになります。

4 ｜ 事業性評価融資のキャッシュフローの説明で融資承認を引き寄せる

1）事業性評価融資とは

　事業性評価ということと企業力評価を混同して考えている人が多いと思います。事業性評価の「事業」とは、企業活動の一部であり、金融業界ではキャッシュの動きと結びつく事業活動を意味しています。事業性評価とは、企業が繰り返す収益活動の評価であって、非事業性の評価とは、収益や付加価値を伴う活動の評価ではなく継続性がないものの評価です。この非事業の融資は、住宅ローンがその典型であり、一生に1〜2回しか経験しない活動の融資です。この非事業融資が、教育ローン・オートローン・旅行ローンなどであることを考えれば、事業性評価のイメージが固まると思います。非事業融資の審査については、繰り返されない数値に表現しにくいことですから、チェックリストやスコアリングシートによって、機械的・画一的で統計的な手法で融資審査を行うこともでき、金融機関は実際にそのような手法で与信管理を実施しています。

　一方、企業（法人）は、「途切れのない事業活動を分析しパターン化しながら、効率化を目指してその活動を分業化して、継続的なステークホルダーへの貢献」を目的の一つとしています。事業性評価とは、その企

業の繰り返される行動への評価といえるのです。

　たとえば、自転車屋さんの場合、その自転車を仕入れて販売しますが、自転車が売れた場合は、その販売活動を続けるために、また仕入れて販売をします。この自転車の仕入資金の支払いと販売資金の入金の経緯を、付加価値を継続的に引き上げることができるかなどの「事業性評価」を行って、その時間ギャップを金融機関が融資することが「時間ギャップ充当融資」ということになります。やや理屈っぽい話ですが、このことが融資の原点の話です。

　そこで、この事業性評価に関わる融資は、繰り返される個々の企業活動の融資のことであり、個々の事業の立替え資金の融資、すなわち、将来の個々の事業に関わる収益入金までのつなぎ融資・立替え融資のことであり、これを「時間ギャップ充当融資」とも言うのです。

　一般的には、企業の個々の事業の融資を「事業性評価融資」といいますが、創業したばかりの企業や小規模企業の場合は事業と企業が一体と見られますから、この「事業性評価融資」を「企業自体への融資」ということもあります。時には、その事業の集積体が企業と意識されることもありますから、「企業融資」を「事業性評価融資」と見ることもあります。

　いずれにしても事業性評価融資は、企業の個々の事業に関わるキャッシュフローをイメージして、将来の事業活動による収益入金を前倒しして融資すれば、それが、「時間ギャップ充当融資」であり、その収益入金までの立替え資金への貸出のことでもあります。

　事業性評価融資とは、このように非事業融資と対比され、繰り返される企業の事業にかかわるものと見ることで、明確になると思います。

　なお、この事業性評価やそのキャッシュフローは、金融機関の融資審査で、重視されるようになっています。平成26事務年度の金融モニタリング基本方針以降、金融庁は事業性評価を融資審査に反映するように指

導してきましたが、最近では、むしろ、この事業性評価を企業審査より
もウエイトを置いて判断するようになっています。

2) 事業性評価融資は仕入資金融資・賞与資金融資・設備資金融資で理解
が深まる

①仕入資金融資

　企業が、融資を受けて、原料・材料・商品を仕入れると、在庫になり、
次にそれらの商品・製品などを販売し、売掛金や受取手形になって、数
日後または数か月後に入金になります。この仕入資金を融資された場合
は、販売後の売掛金や受取手形の入金で返済することになるということ
です。この資金の流れを図にすると、上段が借入で、下段が預金の残高
で、以下の通りになります。

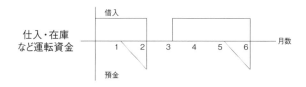

　この図を見れば、２か月後と３か月後の入金までの融資が、２か月と
３か月の「時間ギャップ」を、当社は金融機関によって前倒しに「充当
された」ことになったということが分かります。

　融資を受ける企業としては、この仕入れや在庫、販売、売上代金入金
について、仕入先、在庫保管の倉庫、販売先、販売代金の回収方法など
を具体的に説明するか、一覧表などを提出することが、金融機関の融資
担当者が融資稟議書で承認を受ける近道になるということです。１回目
の仕入資金融資は、２か月後の売掛金の入金があって、２回目の仕入資
金融資は、３か月後の売掛金の入金によって返済されることになります。
仕入契約書や販売契約書のコピーは、将来に入金される代金の確実性を
証明できます。

　このような仕入れ活動を通して、今後の売上額はどのようになるのか、今回の仕入れ商品はどのくらいの付加価値を生むことになるのか、社内の販売体制は整っているのか、在庫期間は妥当か、倉敷料はいくらか、販売先の信用状況はいかがか、売掛期間は業界比妥当か、資金回収が遅れた場合の対策はいかがか、などなど、明確にするべきことが多く、このようなことが「事業性評価」になるのです。

②賞与資金融資

　賞与資金融資も、「時間ギャップ充当融資」の一つとして扱います。賞与資金は、従業員に支払われるものであり、その資金が、仕入資金のように、どのような経路で自社に戻ってくるのかは、以下のように考えます。

　融資された金額を融資期間で割って、その金額を、別途、毎月積み上げ、その期日に、積み上げた金額を取り崩して返済するということです。その積み立てたものを取り崩した金額が、キャッシュ・イン（返済入金）ということになります。これは、会計的には、引当金、減価償却などという考え方にも重なるものです。

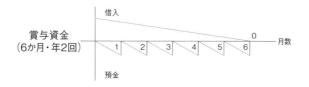

　すなわち、賞与資金融資の返済財源は、次回の賞与支払いまでの間、賞与引当金を毎月繰り入れて、その賞与金額まで積み上げた引当金を期日に取り崩しますが、この取崩し分が、賞与引当金の「キャッシュ・イン」に相当するということになります。

　賞与資金融資は、期日に一括返済する金額を、借入期間で単純に割って、その借入元本に毎月同額の金額を返済していくというものですが、

「賞与引当金」の取崩しを、賞与資金の借入れの将来のキャッシュ・イン
とみなすのです。

　このような賞与の支払いに関して、今回の賞与総額は業績に比べて妥
当であるか、業界比・地域比・前年比・前期比妥当か、賞与の個人別の
分配のルールはいかがか、正社員と非正規社員への賞与対応方針は納得
性があるか、人事評価と業績評価のバランスはいかがかなどなど、金融
機関として十分に理解しているかが「事業性評価」となります。

　引当金は、将来の大きなコスト（費用）に対する先行する積立金とみ
なし、減価償却費は、目の前の大きなコスト（費用）の将来への繰延べ
分とみなすことができます。減価償却費の繰延べの累計額で、その期日
に同額の設備（機械など）を購入すると考えれば、毎期の減価償却費は、
次の同額の設備投資への積立金ともみなせるということです。賞与引当
金については、6か月後の賞与に向けた積立金ということで、その毎月
の積立金の期日取崩し分が、賞与資金融資のキャッシュ・イン（返済入
金）ということになります。

③設備資金融資

　金融機関の一部では、設備資金融資を実行するにあたり、「減価償却資
産の耐用年数等に関する省令」の一覧表を参考にしています。借り手企
業としては、借入金額とともに、設備の耐用年数に相当する期間程度の
借入れ条件を求めるからです。返済期日に減価償却の累計金額の取崩し
で、もう一度同種の機械を購入することを想定するならば、この手法は
理に叶っていると思われます。しかし、与信期間が長期間であることか
ら、多くの金融機関は、最長5年、長くても10年と上限期間を定めて、
その期間以内の返済しか認めていないことが多いようです。金融機関の
支店長や審査部長の融資期間許容の決定権限も上限が定められているか
らです。

●減価償却資産の耐用年数等に関する省令　別表

番号	設備の種類	細目	耐用年数	償却率		
				定額法 （別表第八）	定率法 （別表第九）	新定率法 （別表第十）
16	金属製品製造業用設備	金属被覆及び彫刻業又は打はく及び金属製ネームプレート製造業用設備 その他の設備	6 10	0.167 0.100	0.417 0.250	0.333 0.200
17	はん用機械器具（はん用性を有するもので、他の器具及び備品並びに機械及び装置に組み込み、又は取り付けることによりその用に供されるものをいう。）製造業用設備（第20号及び第22号に掲げるものを除く。）		12	0.084	0.208	0.167
18	生産用機械器具（物の生産の用に供されるものをいう。）製造業用設備（次号及び第21号に掲げるものを除く。）	金属加工機械製造設備 その他の設備	9 12	0.112 0.084	0.278 0.208	0.222 0.167

　設備資金融資も、減価償却累計金額の取崩しが返済財源と考えられることから、「時間ギャップ充当融資」とみなすことができます。長期間の設備資金融資と言えども、減価償却累計金額の取崩し時の前倒し借入れ、またはそれまでのつなぎ借入れということになります。経営者としては、「この機械はいつまで使え、生産効率はどのくらい上がり、合理化効果はどのくらい高まり、何年後にこの機械から生まれる付加価値で購入金額を回収できるか」を考え、まさに、この付加価値による回収ということですから、やはり、「時間ギャップ充当借入れ」ということになります。

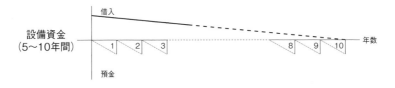

　設備投資融資は、金融機関としては、将来のキャッシュ・イン（返済入金）を想定して、設備に関する入金までのつなぎ融資とみなしており、毎年の減価償却金額を、12か月に分けて毎月の返済金額を決めていま

す。また、その返済期間が長期間になるので、その期間に赤字にならないか、大きな資金流出がないか、などをチェックするために、決算報告書や経営計画、ローカルベンチマーク・ツールなどの情報開示資料の提出を求め、金融機関としては、業績見通しを厳しくチェックすることになります。

　また、設備投資資金融資の返済期日までの間に、業績が悪化すれば、毎月の返済もできなくなりますので、その設備関連の事業が悪化した時は、他の事業の収益によって返済を受ける融資という特徴にもなっています。

　短期融資の場合は、キャッシュ・インのつなぎ借入れの返済不可のリスクは少ないものの、設備資金融資は長期借入れであり、返済不可のリスクは大きくなりますので、事業の悪化時には、他の事業から補填を受け、また、赤字が大きいときは、企業自体の既存の手元資金を減少させたり、企業の遊休資産などの売却代わり金で返済を行うことも考慮しなければなりません。この遊休資産を現金化して借入れの返済に充てること、その確実性を増して、その返済順位を明確にするために「担保」という制度を使うことにもなっています。

　このような設備の支払いに関して、今回の設備に伴う増収は景気情勢、当社の販路状況、競争環境などから見て妥当であるか、今回の設備は工場の生産性をどのくらい高めるか、今回の設備に対する汎用性はいかがか、設備に関わる人件費、物件費、経費の増加とその回収予測は妥当か、工場の製造計画やモニタリングは妥当か、などなど、金融機関として十分に納得できるかが「事業性評価」となります。

3）事業性評価融資のキャッシュフローの説明で融資条件の緩和承認を
得る

まず、下表の借入れを行っている中小企業のケースを見ていきます。

資金使途	当初借入金額	返済方法
賞与資金借入れ	1,000万円	毎月の返済200万円
仕入資金借入れ	2,000万円	3か月後に全額一括返済
設備資金借入れ	3,000万円	毎月の返済100万円
長期運転資金借入れ	4,000万円	毎月の返済50万円
（合計）	（1億円）	（毎月の返済合計350万円）

当社は、4本の借入れをしており、資金使途、当初借入金額、返済方法は表に示す通りです。賞与資金借入れと仕入資金借入れは、短期借入れで担保なし、設備資金借入れと長期運転資金借入れは長期借入れで担保付きです。

当社経営者は銀行を訪問し、銀行の融資担当者に、新型コロナウイルス危機後の売上の急減に伴い、返済猶予の要請をしました。

Q&A ③

経営者：今月末の毎月返済は350万円になりますが、何とか、その半分くらいの返済額にしてもらえませんか。賞与資金借入れや仕入資金借入れについては、当初お借入れをしたときは、毎月のキャッシュフローで、無理なく返済できるはずでしたが、新型コロナウイルス危機で、売上の減少が大きく、手元現金が底を突くようになり、毎月の返済を猶予していただきたいのですが。

銀行：では、毎月の返済金額がいくらになればよろしいのですか。そして、仮に、新型コロナウイルス危機後の措置の一環として、返済猶予をお受けした場合は、いつから、もとの毎月返済に戻してもらえるのですか。そのことを「資金繰り予定表」で、数値で教えていただけますか。返済猶予と言っても、現在お出ししている

４本の借入れのうち、どの借入れの返済猶予をお考えになっているのですか。

（後日、経営者は資金繰り予定表を作成し、銀行に提出する）

銀行：では、返済財源が明確な賞与資金貸出と仕入資金貸出はお約束どおり返済してもらい、設備資金貸出と長期運転資金貸出の毎月の返済を猶予することで、本部に稟議を上げることにしましょう。これで、毎月返済350万円が200万円までに減額することができることになりますね。ただし、賞与資金貸出と仕入資金貸出の折り返し融資が再度必要なときは、今後は、他行さんから借入れてくださいね。

経営者：お出しした「資金繰り予定表」では、返済後に、また、賞与資金借入れと仕入資金借入れを御行にお願いすることになっていますが、そのことは、今後は難しいということですか……？
賞与と仕入れの資金は、常に生じている必要資金ですので、何とか、従来どおり、貸していただけませんか。

銀行：両方の貸出とも、担保のない信用貸出ですので、このくらいは他行さんに申し込んでいただけませんか。

経営者：でも、他行さんから仕入資金借入れができないときは、当社の売上は大幅にダウンしてしまいますし、賞与資金借入れができないときは、従業員にボーナスを払えず、皆の士気も落ちてしまいます。もともと、これらの賞与資金借入れや仕入資金借入れは、将来の入金が確実である資金ですし、返済財源も明確です。今までにも、実績があることですから、御行で引き続き支援をいただけませんか。

銀行：と言っても、まだ借入れまでには時間がありますから、何とか努力してみてください。

コメント

(1) 新型コロナウイルス危機後の融資担当者の実情

新型コロナウイルス危機後の措置は、既に借入れを受けている中小企業で、業績が苦しくて手元の現金が不足している企業が対象先です。この先が、金融機関の融資担当者に会ったとしても、期待していたような反応が戻ってこないことがあります。これは、自社のレベルにあった担当者は支店ではなく本部にいるからかもしれません。

金融機関の支店の融資窓口担当者は、債務者区分で言えば、正常先や要注意先などの比較的業績が良好な企業が担当になっているからもしれません。もちろん、支店の融資担当者は申込みに来る新規貸出先も担当しますが、その時は、保証協会保証付き融資の提供がほとんどのようです。

返済猶予を申請するような業績不振先は、そのほとんどが、格付け（債務者区分）では要管理先とか破綻懸念先またそれ以下の先が多いため、支店の担当者としては、その対応には不慣れと言えます。金融機関では、要管理先や破綻懸念先は、不良債権先を集中管理する本部や大きい店の特別なセクションが担当することになっているようです。また、返済猶予や条件緩和などの「与信管理」も本部等の特別な部門が専門に担当していることが多いようです。したがって、中小企業が支店の融資担当者に対して、返済猶予について突っ込んだ相談を行おうとしても、金融機関内部の役割分担の都合で、返済猶予の相談は難しいかも知れません。

(2) 融資担当者の本来の対応

しかし、新型コロナウイルス危機後の中小企業の資金繰りは緊急事態であり、時間的な余裕はありません。その上に、金融機関の融資担当者は、資金繰りに枯渇した多くの別の中小企業からの相談に忙殺されているようです。一昔前のように、中小企業の経営者や幹部の皆様は、金融

機関の融資担当者と雑談をしながら、返済猶予の条件緩和を口頭で納得してもらおうなどと考えても、無駄骨になります。中小企業自身が、金融機関の融資担当者の立場になって、その融資担当者が返済猶予の申請を、本部や担当セクションに申請できるように計らうことが大切です。そのためには、返済猶予に関する知識を習得して、融資担当者には「資金繰り予定表」「試算表」「経営改善計画書」などの基本的な情報開示資料や、現在・将来の事業の内容や資金収支などの資料を提出することをお勧めします。これらの文書資料を作成しておけば、融資担当者が忙しくても、また離席していたとしても、作成した資料を上司やその同僚に手渡して、「後刻または後日に、連絡をお願いします」と伝達することもできます。この文書化の方が、融資担当者の面談交渉を電話やメールにシフトでき、稟議書作成の負荷も軽減できることになるものと思います。３密防止にもなります。

　実は、当社の場合は、新型コロナウイルス危機で、いつもの販売先への売上が急速に低下し、在庫も急増したにもかかわらず、今般、仕入単価の引下げ交渉のために、買掛金をほとんど現金で支払ってしまいました。そのために、手元の現預金が少なくなり、金融機関への毎月の返済資金が不足することになってしまったのです。賞与資金貸出の毎月の賞与引当分のキャッシュも、また、仕入資金貸出の返済財源のキャッシュも、さらには、収益で返済する「設備資金借入れ」「長期運転資金借入れ」の返済財源も、すべて枯渇してしまいました。すなわち、当社は、仕入れに関する買掛金で、売掛金や在庫の資金負担を支えてきたのですが、今回は、資金調達をする前に、その仕入れの現金払いをしてしまい、資金不足が生じたときに、新型コロナウイルス危機で、売上が急落して、資金繰りが底を突いてしまったというアクシデントが重なりました。２つの原因で、資金が枯渇したのです。

　金融機関の融資担当者がベテランでスキルが高い場合は、「資金繰り予定表」「試算表」「経営改善計画書」を検討することによって、まずは、試算表から、買掛金の減少を見て、「御社の買掛金の資金調達はどのようにされましたか」と聞くことになるでしょう。「なぜ、そのように現金仕入れに変更する前に、当行に借入れ申込みをしてくれなかったのですか」と注意されるかもしれません。その現金仕入れにかかる必要金額を除いて、「新型コロナウイルス危機関連の売上低下による、現金の不足は、どのくらいの期間続くのですか」と質問をするものと思います。

　次に、「売上が落ちれば、立替え運転資金も減少しますから、その調整が終了すれば、資金繰りは楽になりますね。その調整期間の間は、当行で融資する方向で検討したいと思いますが、どのくらいの期間で元に戻ると思いますか」と聞かれることになると思います。ここで、借り手の経営者は「今回の、新型コロナウイルス危機の回復はとても読めませんので、取りあえずは、少なくとも、1～2年間くらいは、利息のみの支払いで、元金の返済は様子見ということで、猶予していただきたいのですが？」と回答することになるかもしれません。

　そこで、ベテランの融資担当者ならば、「もしも、私どもが返済猶予をお受けした場合は、少なくとも2～3か月に一度は、業況の説明（モニタリングの説明）資料を提出していただきたいですね」ということになるでしょう（先行きの見通しが立たないものの、社会政策的立場で、融資を実行する場合は、実行後にしっかりしたモニタリングを行うものです）。

　そして、ほとんどの経営者は、このモニタリング要請を了解すると思います。と同時に、自社の社内のモニタリング体制も再チェックを行うようにと、ベテランの融資担当者に指導されるものと思われます。この融資担当者は、この企業の組織や意思決定の仕組み、幹部の権限状況を踏まえて、モニタリング体制まで踏み込んで、さらなるアドバイスを行

うかもしれません。

(3) 新型コロナウイルス危機後の忙しさで、融資担当者が陥りやすい対応

しかし、この事例の場合、当社は、仕入資金借入れについて、その返済財源が不足している理由を、金融機関に明確に説明しませんでした。一方、この金融機関も、あまりの忙しさからか、当社の資金ニーズは新型コロナウイルス危機による売上低下と思い込んでしまったのかもしれません。

当社は、既に、金融機関として多くの取引条件の緩和を受けているので、「返済猶予」の要請を行ったにもかかわらず、この融資担当者は金融検査マニュアルの文言（別表1の破綻懸念先の検証文言）を表面的に捉えて、当社を「延滞」扱いの認定にしてしまいました。また、この融資担当者は、前期決算の損益が赤字であったことも重なって、格付け（債務者区分）を、要管理先以下にまで、ランクダウンさせられてしまったのです。

当社が、「債務超過は5年以内に解消する見込みであること」や「実現性の高い抜本的な経営再建計画でおおむね5～10年で正常先または要注意先になることが示せる」ならば、格付けのランクダウンは免れたはずで、今回の「返済猶予」は認められて、「延滞」にはならなかったものと思われます。

結局、当社と融資担当者の対話が十分行われなかったことから、格付けはランクダウンされ、信用扱いの賞与資金借入れや仕入資金借入れの折返し資金ニーズ借入れも謝絶され、「他行さんから借りてください」というような、貸し渋りの対応になってしまいました。格付け（債務者区分）が下げられると、通常、金融機関は融資条件の厳格化に転じることがありますので、十分注意しなければなりません。

(4) 個別融資と全体融資に対する返済猶予

　本件事例の中小企業は、金融機関からは4本の借入れをしていますが、このように何本かの借入れをしているケースが、一般的です。

　中小企業は、金融機関に対して、「しばらくの間、毎月の返済を止めてください」と言えば、「金融機関はすべての借入れの返済を一斉に猶予してくれる」と思うかもしれません。

　しかし、金融機関としては、それぞれの借入れごとに資金使途は異なっており、種々の融資条件になっていますから、一本一本の借入れについて返済猶予を考えるものです。

　この事例の4本の借入れの場合も、金融機関は個々の借入れごとに返済猶予を考えるものです。この4本の借入れについては、長期借入れと短期借入れ、担保・保証付きと信用融資、金利や毎月返済金額など、ばらばらの条件ですから、「返済猶予」と言っても、その条件変更は簡単にはできません。特に、信用保証協会の保証の付いた融資に対する返済猶予の場合は、複雑になることが多々あります。

　借り手企業については、返済猶予について、金融機関は個々の借入れ金額やその融資条件などの調整等で、種々のケースを考えることになることを、認識しておく必要があります。そのための相談や交渉、資料の提供など、種々の依頼がある場合は、協力する姿勢が重要です。

第**5**章 金融機関の新しい審査を先取りする

1 金融検査マニュアル廃止後の金融機関の融資審査の変化

　1999年に金融検査マニュアルが公表され、金融機関の融資審査は、金融検査マニュアルの別表1・2に関わる、いわゆる「債務者区分」や「債権分類区分」の評価手法と整合性が合うようになってきました。金融検査マニュアルは、不良債権問題の解決に力点が置かれ、そのためには、金融機関における引当金の積上げは、各企業の評価には客観的で透明性が必須になり、同時に、普段の企業審査においても、企業審査は客観的で透明性が重んじられ、結果として厳格な運用になってきました。

　1999年以前は、各金融機関で不良債権の残高もその引当金の保全基準も明確になっていなかったことから、日本の金融機関の財務内容は、ジャパンプレミアムレートが上乗せされるほど、海外から批判を浴び、信頼もありませんでした。この流れを修正するためには、どうしてもその審査基準は、客観的で透明性のある形式的で過去の確定した数値を使ったものになっていたのです。

　しかし、20年が経過し、金融機関の融資審査は、必ずしも客観的で透明ばかりではなくなりました。審査は、もっと、企業の実質を捉え、未来的な視点で、全体を見ることになりました。そこで、この金融検査マニュアルは廃止され、新しい審査を指向しています。それぞれの金融機関の経営理念に沿って、実質・未来・全体を重視する考え方に変わりました。金融庁が定める金融検査マニュアル（ガイドライン）に拘束されることはなく、それぞれの金融機関が、自らの判断で、審査を行って、引

当金を積み上げるということになったのです。

●従来の金融庁の格付け審査と今後の資金ニーズ・動態審査

	特　徴
格付け審査（企業審査）	形式重視⇒客観性 過去計数重視⇒透明性（スコアリングシート） 部分重視⇒財務情報分析
資金ニーズ・動態審査（事業審査） ≪金融検査マニュアル廃止後≫	実質重視⇒個々の事業内容の評価 未来重視⇒将来見通し重視、経営計画 全体重視⇒定性要因分析

2 金融機関の融資審査プロセスの変化

　そこで、今後は、金融機関は取引先企業に対して事業審査（事業性評価）を行ってから、企業審査を行い、担保・保証のチェックを行って、エリア審査を丁寧に行うようになっていくと見られています。

　主な変更点は、事業審査（事業性評価）とエリア審査の重視です。

1）事業審査（事業性評価）

　金融検査マニュアル廃止後の融資審査は、キャッシュフローを重視する「事業性評価融資」が主流になります。取引先の融資申込みに対して、まずは、事業審査を行い、その金額・期間・資金使途を、おおむね決定してから、次に、その金額や期間に沿って、企業審査を補完的に行うことになります。かつては、企業審査で格付け（債務者区分）が低位の場合は、事業審査（事業性評価）を受けられずに、融資謝絶もありました。

2）エリア審査

　エリア審査は、「株主・ステークホルダー・内部統制への貢献度」「地

域貢献への当社の意欲」「地域・地元からの当社の事業に対する評価」について、リレーションシップバンキング・地域密着型金融の考え方で、総合的に評価することになっていました。従来は地域データが完備されていませんでしたので、実際には、取引先の審査においては、それほどウエイトは置かれませんでした。多くの場合は、「ステークホルダー、税理士、商工会、など」へのヒアリングしか、この企業のエリア審査の評価はなされませんでした。しかし、最近では、経済産業省や総務省のホームページや、その企業に関する地域データや業界データが整備され、客観的な評価を行うことが可能になっています。

　また、今後については、地方の行政機関が提出する「SDGs戦略」「まち・ひと・しごと創生総合戦略」のデータを見ることもできますし、既に身近なデータになっているRESAS（地域経済分析システム）や経済センサスによって、多くの情報を入手することができます。その上に、地域の多くの機関からのヒアリングも可能になっていることから、このエリア審査は、かなりレベルが高まっており、精度の高いものになっています。

　この融資審査プロセスの変化を図示すると、以下のようになります。

●従来の審査プロセス

●第1プロセス

企業審査	第1行程	定量要因分析（財務情報分析）チェック＝自己資本比率・債務償還年数など
	第2行程	定性要因分析（金融検査マニュアル別冊）チェック＝非財務情報・営業力・販売力など

●第2プロセス

		資金使途チェック			担保・保証チェック
事業審査	短期マネーフロー（主に「資金繰り実績・予想表」でチェック）	1）仕入・在庫・販売 2）賞与・決算 3）正常なる運転資金（短期継続融資）			コベナンツ（財務制限条項）
	長期マネーフロー（主に「資金運用調達表」でチェック）	1）設備 2）長期運転資金 3）貸出構成修正 4）事業再生 5）経営改善支援		第1プロセス 第2プロセスの審査でリスクが大きい時	流動資産担保（ABL等）
	資本性借入金（融資）（含、ファンド等）	1）創業（成長） 2）業種転換 3）自己株式購入 4）M&A 5）事業承継			従来型 固定資産担保（不動産・株式等、含定期預金）

●第3プロセス（企業審査・事業審査不可の場合）

	大分類	小分類
エリア審査	株主・ステークホルダー内部統制への貢献度	消費者（顧客）
		仕入先
		得意先
		従業員
		株主
		債権者
		地域住民
		行政機関
		その他（　　　　）
	地域貢献への当社の意欲（含、ESG投資）	経営者等役員
		従業員
		その他（　　　　）
	地域・地元からの当社の事業に対する評価	税理士・会計士
		商工会議所・商工会
		学・官
		その他（　　　　）

●今後の審査プロセス

●第1プロセス

		資金使途チェック
事業審査	短期マネーフロー （主に「資金繰り実績・予想表」でチェック）	1）仕入・在庫・販売 2）賞与・決算 3）正常なる運転資金（短期継続融資）
	長期マネーフロー （主に「資金運用調達表」でチェック）	1）設備 2）長期運転資金 3）貸出構成修正 4）事業再生 5）経営改善支援
	資本性借入金（融資） （含、ファンド等）	1）創業（成長） 2）業種転換 3）自己株式購入 4）M&A 5）事業承継

●第2プロセス

企業審査	第1行程	定量要因分析（財務情報分析）チェック =自己資本比率・債務償還年数など
	第2行程	定性要因分析（金融検査マニュアル別冊） チェック=非財務情報・営業力・販売力など

第1プロセス
第2プロセスの
審査でリスクが
大きい時

担保・保証チェック
コベナンツ （財務制限条項）
流動資産担保 （ABL等）
従来型 固定資産担保 （不動産・株式等、 含定期預金）

●第3プロセス（企業審査・事業審査不可の場合）

	大分類	小分類
エリア審査	株主・ ステークホルダー 内部統制への 貢献度	消費者（顧客）
		仕入先
		得意先
		従業員
		株主
		債権者
		地域住民
		行政機関
		その他（　　　）
	地域貢献への 当社の意欲 （含、ESG投資）	経営者等役員
		従業員
		その他（　　　）
	地域・地元からの 当社の事業に 対する評価	税理士・会計士
		商工会議所・商工会
		学・官
		その他（　　　）

3 │ SDGsの金融審査におけるウエイトアップ

1）SDGsの役割

　SDGsについては、既に述べましたが（17ページ以降参照）、新型コロナウイルス感染危機後に、その存在感は大いに増しています。SDGsの17の目標の中で、「3．すべての人に健康と福祉を　8．働きがいも経済成長も　17．パートナーシップで目標を達成しよう」は新型コロナウイルス感染危機対策としてクローズアップされ、「13．気候変動に具体的な対策を　14．海の豊かさを守ろう　15．陸の豊かさも守ろう」は新型コロナウイルスの発生への反省として注目されています。実際、緊急事態宣言時の東京の空は春にもかかわらず澄み渡っており、富士山がくっきり見える日もあって、皆が環境問題を再認識したとも言われています。

　また、SDGs金融については、「8．働きがいも経済成長も　9．産業と技術革新の基盤をつくろう　10．人や国の不平等をなくそう　11．住み続けられるまちづくりを　12．つくる責任 つかう責任」が当面の目標になっています。

2）地域金融機関のSDGsへの対応

　地域を構成する金融機関、自治体、中小企業、支援者の税理士などのそれぞれの機関が、その縦割り組織の中でベストを尽くすことだけでは、SDGsのゴールやターゲットを満たし、地方創生や地域活性化を達成することはできません。SDGsを採択した地域金融機関においては、経営理念の中に、当然ながら、SDGsのゴールやターゲットを内包しなければなりません。取引先に対する審査や営業拠点の運営方針、監督官庁の監査・検査指針も、すべてSDGsの考え方に従わなければなりません。

　そのためには、地域における産学官金労言士との単なる情報交換ばかりではなく、このSDGsのゴールやターゲットを目指した連携が求めら

れることになります。

　自治体・行政機関においては、それぞれSDGsのアクションプランが示されています。今後は、各地域金融機関においても、それぞれの経営理念を構築して、SDGsのアクションプランに従った活動をしていかなければなりません。金融検査マニュアルの廃止で、各地域金融機関は経営理念や地域の実情に沿って、取引先企業とともに、SDGsのゴールやターゲットを目指すことができるようになると思われます。そのためにも、各地域金融機関は、従来の稟議制度、営業拠点運営、今後のビジネスモデル、金融庁の監督・検査への対応について、SDGsの視点で、再確認を行いながら、経営理念の構築をすることになるはずです。

4 ｜ 金融検査マニュアル廃止とSDGs金融

　金融検査マニュアルが廃止され、これからしばらくは、「融資審査のプロセス」は、金融検査マニュアル廃止後の様式（96ページ参照）になると思われます。その様式が定着するまでの間は、金融検査マニュアル時代の融資審査様式と廃止後の新しい様式が混在することになりますが、徐々に新様式のウエイトが増していき、「エリア審査」の影響が大きくなると思います。

　その後、5年から10年間経過した後には、おそらく、金融機関は、「企業単体の審査」から「企業審査とエリア審査の並立評価」へシフトしていき、「事業・企業審査とSDGs審査の並立」の時代に入っていくものと思われます。

　金融検査マニュアルがスタートして、しばらく経つと、この検査マニュアルで強調された直前期の決算書を重視する形式・過去・部分の融資審査に対して、リレバン（リレーションシップバンキング）や金融検査マニュアル別冊（中小企業融資編）などの実質で総合的な見方の審査が

金融庁から公表されることになりました。その後も、地域密着型金融、金融円滑化法、経営力強化支援法、地域企業応援パッケージ、事業性評価融資、金融仲介機能ベンチマーク、フィデューシャリー・デューティー（顧客本位）、共通価値の創造、実質・未来・全体への検査と、地域や地元の中小企業本位の審査手法が公表されました。

　すなわち、金融検査マニュアルの厳格な見方から、実質的で全体を見渡すような、柔軟な見方に向かう、大きな変遷が続けられてきました。そして、その流れの最後に、2019年12月に厳格運用の金融検査マニュアルが廃止となりました。この廃止に向けた流れを俯瞰すれば、まさに、「地球上のだれ一人として取り残さない」という柔軟なSDGsの対応の到来の流れとなっています。

　具体的には、事業審査から企業審査、そして担保・保証チェックからエリア審査が、融資審査のプロセスでしたが、これからはエリア審査としてのSDGs審査のウエイトが高まるということになります。言い方を変えれば、審査対象が一つの企業から「企業と地域」へ、または、「一つの企業から企業群」へ、さらに、「企業と環境」へと進んで、「企業とSDGs」になっていくということです。極端な言い方をするならば、今後の金融機関の稟議用紙は、「企業の稟議書」と「SDGsの稟議書」の併用の用紙になるかもしれないということです。

　このような2つの稟議書を書くことは、新型コロナウイルス危機後の融資件数の増加やフィンテック導入を早急に進めなければならない金融機関には負荷が大きいことになるかもしれません。しばらくの間は、「企業の稟議書」は企業自身やその支援者の税理士などが作成し、「SDGsの稟議書」については、金融機関のプロパーの行員が書くという仕切りが、できるようになるかもしれません。

5 ｜ 資本支援、資本投入、資本性融資の審査プロセスの検討

　新型コロナウイルス危機後には、行政機関は、補助金、助成金を提供し、公的金融機関は、長期間の据置き付きの長期融資、また民間金融機関も資本性劣後ローンや資本性融資の擬似資本支援を行っています。

　売上の急減による手元資金の枯渇と将来の見通しが立たない窮境への資金支援は、返済期日や毎月返済を借り手に任せる資本性融資が企業にとって最も有難いものです。また、最近では、IT販路インフラ、M&A、業種転換や事業承継等、将来の資金繰りが明確にならない資本ニーズに対する資本性融資が増加してきて、キャッシュフローの見通しが立てにくい投資案件も増えています。

1）稟議書の役割と今後の課題
(1) 現行の稟議書

　金融機関の一般的な稟議書は、どこの銀行においても、以下の典型的フォームになっています。事業に関する融資は、事業のスタート時に現預金の支出から始まり、仕入資金の場合は商品の仕入れ・在庫・販売から売掛金・受取手形の回収が続き、設備資金の場合は機械の購入で支出が生じ、その機械の稼働により製品ができ、売上代金が入金になります。賞与資金も、ボーナスの支払いから毎月の引当金の積上げで、返済資金が生まれます。この資金の支出と使途や返済財源を明記していることが、以下の稟議書の「貸出の種類」と「担保」の3段の内容です。すなわち、事業審査の内容です。

●金融機関内部の稟議書の典型的フォーム

貸出の種類	金額	利率	期日	返済方法	資金使途
担保					
貸出内容	現在残高	利率	毎月返済額	引当	当初金額
①					
②					
③					
④					
合計					
財務内容					
損益状況					
財務比率					
所見					

支店長	副支店長	課長	担当	副審査役	審査役	次長	部長	取締役	専務・常務	副頭取	頭取
◯	◯	◯	◯	◯	◯	◯	◯	◯	◯	◯	◯

　その融資資金の支出から返済財源の入金まで、企業の健全性を判断することが、財務内容・損益状況・財務比率の中段の3行であり、企業審査の内容です。

　その事業審査と企業審査の間が、既存の貸出内容の明細であり、一本一本の融資の詳細が一覧できるようになっています。

　そして、融資判断のチェックは、最下段を見ていただければ分かるように、担当者から支店の課長・副支店長・支店長、最終的には頭取までの最大12人が検討し、承認の印鑑を押すことになっています。融資金額や融資期間また担保の有無で、決定権限を行内の内規であらかじめ決め

ていますが、いずれにしても、職位の最も低い担当者が、支店長や部長、時には、頭取までの決定を得ることになっています。

　この稟議書は、金融機関の融資実行などの意思決定ラインを表しています。ちなみに金融機関の組織を以下の図で俯瞰すれば、融資の意思決定ラインを見渡すことができます。

●銀行・信用金庫・信用組合の組織のイメージと貸出案件の決定フロー

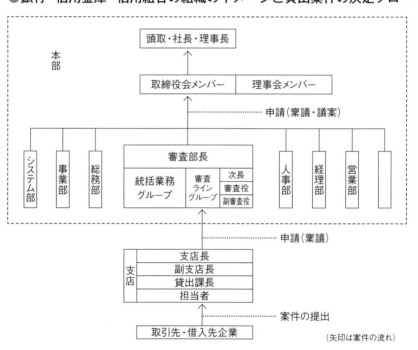

（矢印は案件の流れ）

　このように金融機関の稟議書は、昭和の後期から平成そして令和の期間、金融機関の融資審査の中心にあって、誰もが納得し活用してきた定型的なフォームになっていました。取引先の融資のキャッシュフローとその返済までの企業の健全性をコンパクトにまとめ、金融機関の低位から高位の職位の役職員が、書類上で合意を得るために工夫されていました。

(2) 現行稟議書の課題

しかし、この稟議書は、資本性劣後ローンや資本性融資のように、返済がなく、実質的に期日がなく、資金使途も限定できない融資にとっては、その実行の意思決定には情報が足りないことが明らかになりました。この資本性劣後ローンなどでは、上記の稟議書の事業審査においては、金額と金利以外には記入する情報がなく、財務内容・損益状況・財務比率の企業審査の内容についても、この過去の情報では、融資判断が難しくなっています。この従来の稟議書をもって、資本性劣後ローンや資本性融資の実行の判断は、とても難しいことが明らかになりました。

この資本性劣後ローンや資本性融資は、原則、返済がないために、毎月の約定返済の有無で企業信用を見ることはできず、期日返済も融資実行時に厳格に決めることもできませんから、新しい融資基準で融資の実行を判断しなければなりませんでした。この融資の実行の判断については、投資家が対象企業に多くの情報を求めるように、経営理念や社会貢献、企業組織や内部統制、将来の事業計画などや、金融機関自身の理念と企業の経営方針の親和性を、情報開示として求め、実行後のモニタリングについても要求することになっています。

ということで、今後、金融機関が返済のない資本性劣後ローンや資本性融資の実行審査には、従来の稟議書に加えて、融資対象企業の多くの情報を把握し、厳格なモニタリングが必要になってきます。

しかし、上場企業に対する有価証券報告書や事業計画書や緻密な企業案内書などの情報開示や機関投資家の管理手法は、中堅・中小企業には非現実的な管理資料であり、セカンドベストの手法が必須になってきました。すなわち、従来の稟議書を補完する企業の内容を的確に把握する稟議書が必要になり、同時に、中堅・中小企業に新たな事務負担が生じない手法を活用した稟議書が求められるようになってきました。

そのためには、最近、多くの企業で経営のレベルアップに活用されている公開データの「SDGsの17目標」「ローカルベンチマークの非財務情報」が注目されています。すなわち、国連や政府が推奨している「SDGsの17目標のチェック」と、最近各金融機関や中小企業で広く活用されている「ローカルベンチマークの非財務情報のチェック」が役に立ちます。さらに、リレーションシップバンキングの推進の時に活用された「地域の機関へのヒアリング結果のチェック」も有効です。

　この3つのチェックリスト案は、以下に示しますが、各金融機関については、既に、自主的なチェックを行っています。中堅・中小企業でも、これらの項目は実務に組み込まれています。「SDGsの17目標」は、金融機関としては知らなければならない目標であり、「ローカルベンチマーク」も「リレーションシップバンキング」も、融資担当者としては、融資実務上常識の域に入っている内容です。中小企業経営者にとっては、やや聞きなれない言葉のようですが、金融機関の融資担当者やその上司にとっては、従来の融資業務の延長線上にある内容であって、実務上、新たに大きな負担にはならない内容です。これらの内容をチェックリストにした、新しい私案の稟議書については、その内容はなじみのある項目であり、それほど時間をかけずに使いこなすことができることになると思っています。

2）私案「SDGs・ロカベン・地域情報による稟議書」

　この新しい稟議書の私案は、「①SDGsの17目標のチェック稟議」「②ローカルベンチマークの非財務情報のチェック稟議」「③地域の機関へのヒアリング（エリア審査）のチェック稟議」の3つのチェック稟議を合体したものです。すなわち、101ページで示した稟議書は、各金融機関で約40年間以上、融資担当者が本部に申請を上げるときの稟議書の表紙として使われてきたものですが、この私案「SDGs・ロカベン・地域情報

による稟議書」も同様に、融資担当者が担当先企業の実態把握や将来の経営の方向性を、本部に報告する場合の稟議書の表紙に活用されることを目論んでいます。この3つの稟議書の項目は、全43項目あって、各項目ごとに、「良好（3点）・検討（1点）・不良（0点）」の点数を入れ、その点数を合計することをイメージしています。仮に、合計60点以上を融資実行の目途にすることを想定しますが、この点数は根拠のある数値ではありません。

定量分析としてのスコアリングシート評価では、過去の審査とその後の業績推移の経験値から、実際の目線となる点数を割り出していましたが、この「SDGs・ロカベン・地域情報による稟議書」における評点の60点は、単に、暫定的に設定した点数です。

ただし、この暫定値が評価・実績の経験値に基づくものでなかったとしても、各金融機関の本部として納得できる目線になれば、この点数が座標軸となって、取引先企業の資本支援、資本投入、資本性融資の審査基準となるもので、支店や本部の各担当者間での情報交換や対話の叩き台になります。格付け（債務者区分）決定におけるスコアリングシートの点数と同様に、この暫定値が、融資実行の可否判断の目途値になると思われます。

このような活用法を展望しながら、「①SDGsの17目標のチェック稟議」「②ローカルベンチマークの非財務情報のチェック稟議」「③地域の機関へのヒアリング（エリア審査）のチェック稟議」の3つのチェックリストの作成根拠を俯瞰していただければ、今後の各金融機関における融資審査手法のヒントになるものと思い、期待もしております。

（1）SDGsの17目標のチェック稟議

取引先企業の経営理念や指針を決めるにあたり、SDGsの17目標は大変参考になりますと同時に、各経営者が独自に経営理念や指針を決めた

としても、「企業は社会の公器」（松下幸之助翁）という考え方を持っている経営者ならば、SDGsの17目標のいくつかの目標に合致するものです。企業は長期的には経営理念・ビジョン・指針・社是などによって動くことになりますから、このSDGsの17目標を座標軸として企業を評価することは重要です。

　ただし、各金融機関が、SDGsの17目標やターゲット（達成目標）を一読したとしても、この内容は、もともと国連が作成したものであり、グローバルの観点で作成されていますから、必ずしも、日本の中小企業経営者や地域金融機関のメンバーにとっては、使いやすいとは言えません。そこで、内閣府の地方創生活動の1つの「自治体SDGs推進評価・調査検討会」が、「地方創生SDGsローカル指標リスト」を、この問題点を考慮して、作成して公表をしました。

　各金融機関としては、「地方創生SDGsローカル指標リスト」を活用する時は、地域や自行庫の事情を踏まえて、各金融機関に最もふさわしく、企業に対する独自のSDGs目標を設定することをお勧めします。以下に、お示しする「SDGsの17目標のチェック稟議書私案」における『各金融機関の目標（例）「金融機関との連携が可能か」』は単なる事例にすぎませんから、叩き台として各金融機関が独自の座標軸を作成することも一策です。

●SDGsの17目標のチェック稟議書私案

目標		各金融機関の目標 〈例〉「金融機関との 連携が可能か」	良好	検討	不良	加点根拠・ 補足〈例〉
1. 貧困を なくそう	あらゆる場所の あらゆる形態の 貧困を終わらせ る	・子ども食堂への種々 　の支援を行う ・母子世帯の就職斡旋 　を行う　など				
2. 飢餓を ゼロに	飢餓を終わらせ、 食料安全保障及 び栄養改善を実 現し、持続可能 な農業を促進す る	・農業就業人口当たり 　の農業生産額の引上 　げに貢献する ・農業就業人口当たり 　の耕地面積を増加さ 　せる　など				〈例〉農業就業 人口当たりの農 業産出額（農業 産出額／農業就 業人口）を常に フォローしてい る
3. すべての 人に 健康と 福祉を	あらゆる年齢の 全ての人々の健 康的な生活を確 保し、福祉を促 進する	・感染症対応設備設置 　への協力を行う ・感染症検査体制の設 　備や人材増加に貢献 　する ・交通事故死亡率低下 　に貢献する　など				〈例〉地元医療 機関への提案型 コンサル営業を 実施中
4. 質の高い 教育を みんなに	全ての人に包摂 的かつ公正な質 の高い教育を確 保し、生涯学習 の機会を促進す る	・ICTスキルを有する 　若者や成人の割合 　（スキルのタイプ別） 　を増加させる ・設備等が利用可能な 　学校の割合を増やす 　など				〈例〉総務省「情 報通信白書」な どで、生徒1人 当たりのコンピ ュータ数をフォ ローしている
5. ジェンダー 平等を 実現しよう	ジェンダー平等 を達成し、全て の女性及び女児 の能力強化を行 う	・管理職に占める女性 　の割合の増加 ・農地所有者または権 　利者における女性の 　割合（所有条件別） 　の増加				
6. 安全な 水と トイレを 世界中に	全ての人々の水 と衛生の利用可 能性と持続可能 な管理を確保す る	・安全に管理された飲 　料水サービスを利用 　する人口の割合 ・安全に処理された廃 　水の割合				〈例〉給水普及 率（給水人口／ 総人口）をフォ ローしている
7. エネルギーを みんなに そして クリーンに	全ての人々の、 安価かつ信頼で きる持続可能な 近代的エネルギ ーへのアクセス を確保する	・クリーンな燃料や技 　術に依存している人 　口比率を上げる ・最終エネルギー消費 　量に占める再生可 　能エネルギー比率の 　アップ				〈例〉新エネル ギー発電割合 （新エネルギー 発電量／すべて のエネルギー発 電量）をフォ ローしている

8. 働きがいも 経済成長も	包摂的かつ持続可能な経済成長及び全ての人々の完全かつ生産的な雇用と働きがいのある人間らしい雇用（ディーセント・ワーク）を促進する	・女性および男性労働者の平均時給（職業、年齢、障害者別）の引上げ ・就労、就学、および職業訓練のいずれも行っていない15～24歳の若者の割合を引き下げる ・テレワークの推進			〈例〉厚生労働省「賃金構造基本統計調査」で労働者の平均時給（所定内給与額／所定内実労働時間）をフォローしている
9. 産業と 技術革新の 基盤を つくろう	強靭（レジリエント）なインフラ構築、包摂的かつ持続可能な産業化の促進及びイノベーションの推進を図る	・一人当たりならびにGDPに占める製造業の付加価値の割合を増やす ・モバイルネットワークにアクセス可能な人口の割合（技術別）を増やす			〈例〉総務省「情報通信白書」で、インターネット普及率などをフォローしている
10. 人や国の 不平等を なくそう	各国内及び各国間の不平等を是正する	・中位所得の半分未満で生活する人口の割合（年齢、性別、障害者別） ・GDPの労働分配率（賃金と社会保障給付）			〈例〉経済産業省「企業活動基本調査」の労働生産性（付加価値額／従業員数）をフォローしている
11. 住み続けられる まちづくりを	包摂的で安全かつ強靭（レジリエント）で持続可能な都市及び人間居住を実現する	・人口増加率と土地利用率の比率 ・都市で生成される廃棄物について、都市部で定期的に回収し適切に最終処理されている固形廃棄物の割合			〈例〉環境省「廃棄物処理技術情報」の廃棄物の最終処分割合（最終処分量／ごみの総排出量）をフォローしている
12. つくる責任 つかう責任	持続可能な生産消費形態を確保する	・グローバル食品ロス指数（GFLI） ・各国の再生利用率、リサイクルされた物質のトン数			〈例〉環境省「廃棄物処理技術情報」で、ごみのリサイクル率をフォローする
13. 気候変動に 具体的な 対策を	気候変動及びその影響を軽減するための緊急対策を講じる	・10万人当たりの災害による死者数、行方不明者・公民館における環境保全活動の実施数（環境保全活動の実施数／公民館数）、直接的負傷者数			

14. 海の豊かさを 守ろう	持続可能な開発のために海洋・海洋資源を保全し、持続可能な形で利用する	・漁獲量および養殖収穫量増減率 ・生物学的に持続可能なレベルの水産資源の割合 ・漁獲量および養殖収穫量増減率（（（漁獲量＋養殖収穫量）－（前年度漁獲量＋前年度養殖 収穫量））／総人口）			
15. 陸の豊かさも 守ろう	陸域生態系の保護、回復、持続可能な利用の推進、持続可能な森林の経営、砂漠化への対処、並びに土地の劣化の阻止・回復及び生物多様性の損失を阻止する	・土地全体に対する森林の割合 ・土地全体のうち劣化した土地の割合 ・自然生息地の劣化を抑制し、生物多様性の損失を阻止し、2020年までに絶滅危惧種を保護し、また絶滅防止するための 緊急かつ意味のある対策を講じる			
16. 平和と公正を すべての人に	持続可能な開発のための平和で包摂的な社会を促進し、全ての人々に司法へのアクセスを提供し、あらゆるレベルにおいて効果的で説明責任のある包摂的な制度を構築する	・内外の違法な資金フローの合計額（USドル） ・意思決定が包括的かつ反映されるものであると考えている人の割合（性別、年齢、障害者、人口グループ別）			
17. パートナー シップで 目標を 達成しよう	持続可能な開発のための実施手段を強化し、グローバル・パートナーシップを活性化する	・100人当たりの固定インターネットブロードバンド契約数（回線速度別）・インターネットを使用している個人の割合			〈例〉総務省「情報通信白書」の「世帯当たりのインターネットブロードバンド契約率」のフォローを行う
		小計			

(2) ローカルベンチマークの非財務情報のチェック稟議

　ローカルベンチマークは、「企業が病気になる前に」というテーマの下、企業の健康診断ツールとして、経済産業省から公表されました。企業の経営状態を、企業の経営者等や金融機関・支援機関等が把握し、双方が同じ目線で対話を行うための基本的な枠組みであって、事業性評価の「入口」として活用されることが期待されるものです。

　具体的には、「参考ツール」を活用して、「財務情報」と「非財務情報」に関する各データを入力することにより、企業の経営状態を把握することで経営状態の変化に早めに気付き、早期の対話や支援につなげていくものです。

　この「財務情報」と「非財務情報」については、企業の実態や将来について、的確に把握するツールとして、既に、高い評価を得ており、多くの中小企業やその支援者である税理士・公認会計士など、そして金融機関にも定着しています。

　特に、「非財務情報」の4つの視点、すなわち、「①経営者への着目、②事業への着目、③関係者への着目、④内部管理体制への着目」は、企業の実態を把握する有効な視点として活用されています。また、この4つの視点については、上場企業の社会への責任となっているコーポレートガバナンス・コード（60ページ参照）と重なる内容にもなっています。

　そこで、この「チェック稟議書」の一つの柱にすることにしました。

●ロカベンの非財務ヒアリングシートの４項目の視点

非財務情報の項目	動作・項目の詳細	各金融機関のヒアリングのポイント	良好	検討	不良	加点根拠・補足
1. 経営者	経営理念・ビジョン・経営哲学・考え・方針等	・社内コミュニケーションの機会や外部の組織や機関との繋がりはあるか ・経歴や経験から今の事業の繋がりが分かるか				〈例〉経営の見える化を行っている。試算表を開示し損益分岐点の開示による経営感覚の醸成をしている
	経営意欲・成長志向・現状維持など	・経営にかける熱意を感じるか・事業において何を実現したいか、また、事業不振の原因が明確に捉えられているか ・改善のきっかけや手順が考えられているか				〈例〉目標としている売上高○○億円を目指して社長自ら直販先の開拓のための営業を行っている
	後継者の有無・後継者の育成状況・承継のタイミング・関係	・後継者は決まっているか ・後継者は引き継ぐ事業の内容を把握しているか・事業を引き継ぐ手順や計画書はあるか				〈例〉後継者は経営企画会議のメンバー全員で推薦で選んだ候補者がいる。現在は専務として経営全般について学ばせているところ
2. 事業	企業および事業沿革・ターニングポイントの把握	・ターニングポイントとなった事柄、取組み、またそこから生まれ、会社の変化は、など				〈例〉○○年に社長と副社長の２名で創業。当時は東京都内で飲食店３件の運営をしていたが、地元に貢献したいと考え、現在の本社に移転してきた
	強み・技術力・販売力等	・顧客から選んでもらっている理由、仕組みが明確になっているか ・PDCAが回っているか、進捗の見直しができているか				〈例〉自社で一貫して提供可能なデザイン・広告技術は強み。デザイン力などは商品のブランディングにも生きている
	弱み・技術力・販売力等	・事業の実現におけるボトルネック、またその解消の取組みや実施結果の評価は行われているか				〈例〉販路が問屋経由となっており大手スーパーなどへの直販ルートに課題。また、製造部門も内製化の余地がある

	ITに関する投資、活用の状況・1時間当たり付加価値（生産性）向上に向けた取組み	・ITの活用に特徴はあるか ・ITの効果を把握し、生産性向上に向けた取組みを検討しているか			〈例〉在庫管理・製造管理のシステムを導入し、経営陣が把握できる体制となった。経理業務もクラウド会計を導入、3名の経理担当を1名商品開発に移した
3. 企業を取り巻く環境・関係者	市場動向・規模・シェアの把握・競合他社との比較	・顧客、市場、競合、新規参入、技術、社会に対する把握は実施しているか ・競合の動きを知っているか ・競合との違いを把握しているか			〈例〉地元では、○○食材を製造している企業は当社のみ。しかし、地域特産品を使った食品としての認知度は低いので、今後、営業体制を強化していく
	顧客リピート率・新規開拓率、主な取引先企業の推移、顧客からのフィードバックの有無	・顧客リピート件数や率、新規開拓の状況は把握しているか ・主要販売先の動向や顧客からフィードバックをもらえる仕組みになっているか			〈例〉当社商品のリピート率は高いと言われるが、詳細を把握できていない。現在の食品卸E社と食品卸F社ルートを精査する
	従業員定着率、勤続年数・平均給与	・従業員の定着率、モチベーションへの取組みをしているか ・定着率が低い場合の要因は分析しているか			〈例〉従業員定着率は問題ないが、平均年齢40歳の県内の他の企業よりも若い。今後、成果が反映される給与制度を検討していく方針
	取引金融機関数・推移、メインバンクとの関係	・金融機関との関係が良好か ・経営に関する相談ができているか			〈例〉メインは地元○○銀行で、準メインは△△信金。○○銀行には、毎月試算表を持参して、本部担当部に業績説明を実施している
4. 内部管理体制	組織体制、品質管理・情報管理体制	・リスクに対応できる品質管理・情報管理体制を構築できているか ・取締役会は機能しているか。			〈例〉テレワーク導入で、職務分析が喫緊の課題になり、組織体制の見直しも行われた。品質管理・情報管理も、ITシステムの導入で、見える化してきた

事業計画・経営計画の有無、従業員との共有状況、社内会議の実施状況	・経営理念を踏まえた経営目標が設定され、従業員に浸透しているか ・目標の進捗管理はできているか ・会議は改善や改革に繋がっているか				〈例〉○○銀行にも協力してもらい、向こう5年間の事業計画を本年度策定。部門計画まで落とし込んで、従業員にも共有している。また、商品開発会議は社長以下従業員が全員参加しアイディアを出している
研究開発・商品開発の体制、知的財産権の保有・活用状況	・新たな商品・サービスの開発体制があるか ・保有している知的財産について適切な権利化を図れているか				〈例〉現在、製造工程の内製化を目指して、試行錯誤を繰り返している。また、自社ブランドについて商標登録を申請中
人材育成の取組み状況、人材育成の仕組み	・業務を遂行するために職務分析は明確になっているか ・従業員を育成し、必要な力量を持たせる仕組み（制度）があるか ・多能化されているか				〈例〉現在、人事評価システムの刷新を検討中。地元商工会議所の研修を活用し、全部長クラス以上に財務スキルのレベルアップを図っている
		小計			

（3）地域の機関へのヒアリング（エリア審査）のチェック稟議

　金融庁や各金融機関は、1999年の金融検査マニュアル公表後に財務分析を厳格に行う審査から、地域の中の企業の位置づけを重視し財務指標などを柔軟に判断するべきという批判を受け、リレバン（リレーションシップバンキング）審査が広がるようになりました。このリレバンは、地域密着型金融と言われるようになり、企業審査を、地域の中の企業、地域を支える企業という観点から、地域に軸足を置く審査に変わっていきました。すなわち、事業審査と企業審査に加えて、地域をベースにしたエリア審査を重視する審査になってきたのです。このエリア審査とは、企業の経営者や従業員が地域貢献に注力し、企業がステークホルダーに対していかに役に立つか、同時に、その企業の周りの各機関がその企業の地域貢献活動を評価するか、などを主にヒアリングによって判断する

審査のことです。リレバン審査や地域密着型の審査は、2003年頃から地域金融機関に導入されました。後に誕生したSDGsのチェックやローカルベンチマークのチェックの内容も含んでいますが、これらの内容は主にヒアリングを行う金融機関の担当者や役職員が決めて運用するところに特徴がありました。

このエリア審査は、企業の地域への貢献やその評価を地域の各機関などへのヒアリングで行われたために恣意的な評価として、やや客観性がないということでしたが、一方では、このヒアリングこそ、地域における企業の真価を評価できるとの意見も強くありました。

エリア審査時の ヒアリング項目		ヒアリングの付加価 値、追加情報の内容等	良好	検討	不良	ヒアリング対象先、 日時、備考
1．社内メンバーの地域貢献意欲	企業内の経営者・幹部の意欲	経営者・幹部が地域のことをどのように捉えているのか、今後のような事業展開を考えているかを把握する				〈例〉支店長が○月○日に○○社長と面談 SDGs戦略に絡めて地域貢献の方針を聞いた
	企業内の従業員の意欲	従業員が地域のことをどのように捉えているのかを把握する				〈例〉融資課長が当社財務部長と○月○日に面談した。当社内部統制の話の中で、地域貢献の実情を聞いた
2．地域関係者の当社の地域貢献への評価	税理士・公認会計士	経営計画が従業員にまで浸透しているのか、会議実施状況を把握すること、また現場への権限委譲度も確認できれば、理想的				〈例〉副支店長が○月○日に○○税理士と面談。当社など企業の内部管理全般の意見交換で、当社の地域貢献の実例を聞いた
	商工会議所・商工会	企業の商品・サービス開発、従業員間の技術・ノウハウの発展、人材育成などのPDCA等の評価も把握できる				〈例〉支店長が○月○日に商工会議所担当○○部長と面談。当社の積極的な研修活動の話の中で、地域貢献の方針を聞いた
	同業者・業界	当社の品質管理、情報管理、営業管理などの管理体制の業界内のタイムリーな評価なども把握することができるかも				〈例〉支店長が○月○日に同業社○○社長と面談。業界の動きの中で、当社の地域貢献の具体例を聞いた

	行政機関・学校・医療機関	自社以外の外部の声を取り入れている仕組みがあるかの把握も可能				〈例〉融資課長が○月○日に市役所産業振興課長と面談。市内企業のSDGs戦略の話に絡めて当社の地域貢献の事例を聞いた
3. ステークホルダーへの当社貢献への評価	顧客・消費者地域住民	外部情報収集・外部環境・リスクマネジメントなどに対する意識があるかも確認する				〈例〉支店長が○月○日に○○社長と面談。一般ユーザーや地域貢献について社長の方針を聞いた
	仕入先、得意先	企業が提供する価値が、顧客に受け入れられているかどうかを判断すること				〈例〉貸出課長が○月○日に○○社長と面談。仕入資金借入れの申込み時に、当社の仕入れ・販売方針について聞いた
	株主、従業員	企業の従業員満足度を判断することも有効				〈例〉支店長が○月○日に○○社長と面談。後継者問題に関して、社長から、株主・株式の件や従業員の実態について種々考え方を聞いた
	金融機関	取引金融機関がどの程度企業のことを理解し、事業内容について会話を行っているかを把握する				〈例〉副支店長が○月○日に○○社長と面談。当社の金融機関取引の施策対応に関して意見交換を行った。
	行政機関	市町村役場や市役所・県庁のメンバーが中小企業支援策を行うにあたり、個々の企業について、どの程度まで情報を保有しているかなどを把握する				〈例〉公的機関担当課長が○月○日に○○課長と面談。当社また同業者の行政機関の対応に関して意見交換を行った
		小計				

　以上、私案「SDGs・ロカベン・地域情報による稟議書」を俯瞰し、チェックリスト型の稟議書の表紙として見てきましたが、「SDGs」と「ローカルベンチマーク」また「それぞれの地域の種々の機関へのヒアリング（エリア審査)」による企業の評価が、相乗効果となって、取引先企業の全貌・実態像・将来像がより明確になっていくものと思われます。副

産物として、融資担当者がこのチェックリスト型の稟議書を何本か作成し、本部メンバーに説明するうちに、企業の非財務面の定性的な見方のレベルアップが図れるようになるとも言われています。この3点のチェクリストを合算することで、地域における企業の真価を把握し、従来の審査手法では判断できなかった資本性劣後ローンや資本性融資の審査を、効果的に行うことになると思います。私案として作成してみましたので、各金融機関の実情に合わせて追加・修正され有効に活用されることを願っています。

3）稟議書の活用法

　では、従来からの稟議書を使って、「時間ギャップ充当融資」の本部申請を見ていくことにします。

　融資担当者が取引先から、1,000万円の借入れの申込みを受け、稟議書を書いて、本部に承認を取ることを想定します。この申請については、従来の稟議書の上の3段の内容を吟味することで、審査の大半が終了します。

　取引先企業と仕入事業について、情報交換と対話を重ねれば、その稟議書には、上の3段に、金額1,000万円と記入した後に、期日を6か月後、返済方法を期日一括返済、資金使途は仕入資金、担保は信用扱いと書くことができます。

　この稟議書の表紙に沿って、キャッシュフローの説明をすれば、融資1,000万円は、仕入資金の支払いに使われ、その後の販売代金の入金で返済ができることが分かります。そのプロセスで、異常が発生しそうであることや、変化が見込まれることに対して、補足説明をすれば、この融資の検討はほとんど終了します。

　この場合は、現行稟議書の上の3段は、以下のように記入します。

●時間ギャップ充当融資（稟議書の上の３段の内容）

貸出の種類	金額	利率	期日	返済方法	資金使途
手形貸付	1,000万円	未定	6か月後	期日一括返済	仕入資金
担保	信用扱い				

　ちなみに、この稟議書の記入前には、融資担当者は取引先企業の経営者などと以下のような対話をします。

Q&A ❹

銀行：1,000万円のお借入れについて、その理由と、経緯、返済の根拠を教えてください。

経営者：分かりました。私どもは、1,000万円の仕入れを行って、4か月後までにすべての商品を売り切って、2か月後にその売掛金を1,300万円で回収し、当初の1,000万円を返済します。その借入期間の6か月間は、当社は健全な経営を行って、新たに追加資金が必要となる運営はいたしません。前期の財務内容・損益状況・財務比率の数値から判断していただければ、その間の健全経営はお分かりいただけると思います。1,300万円と1,000万円の差額の300万円で、利息の返済や人件費、倉庫代、運賃を払いますが、十分な利益を上げて、当社の業容拡大とステークホルダーへの貢献ができると思っています。

　一方、資本投入・資本支援については、従来の稟議書では、説明できないことが多く生じてしまいます。稟議書の上の３段の内容では、期日・返済方法・資金使途は記入できません。稟議書中段の財務内容・損益状況・財務比率の数値しか、記入ができません。

117

●資本支援（稟議書の上の２段の内容）

貸出の種類	金額	利率	期日	返済方法	資金使途
手形貸付	1,000万円	未定	— （記入できず）	— （記入できず）	— （記入できず）
担保	— （記入できず）				

　そこで、この稟議書を審査する支店や本部の担当者の上司は、やはり、期日・返済方法・資金使途の情報を提供されない場合は、なかなか実態把握が難しく、審査判断ができにくいようです。金融機関内部では、稟議書の表紙で説明できない項目については、稟議書の別紙に詳しく補足説明することになっていますが、融資担当者の知識やスキル・経験によって、十分な説明資料の作成ができないことが多々あります。

　この資本投入・資本支援1,000万円の場合は、従来の稟議書の表紙の「期日・返済方法・資金使途」さらには「担保」の欄の記入ができないことになりますから、稟議書の別紙に詳しく説明しなければなりません。しかし、この説明については、なかなか的を射た記載をすることは難しいと言われています。従来の稟議書は、個々の事業について、キャッシュフローに沿って説明をし、その返済までの期間について、企業に異変が生じないことを説明するものでしたが、この資本投入・資本支援については、上記のキャッシュフローや業況に加えて、企業の理念や組織運営、また内部統制、地域貢献、地元からの評判など、総合的な評価を踏まえて、資金投入や支援の決定を行わなければなりません。従来の稟議書の補足説明では情報が不足しており、その上司や本部のメンバーはなかなか承認ができないものでした。

　そこで、この1,000万円の資本投入・資本支援に対しては、従来の稟議書の表紙に加えて、前記の私案「SDGs・ロカベン・地域情報による稟議書」を追加添付することが必要になります。

　資本投入や資本支援ということは、その企業の周辺や沿革を踏まえた
「ワイドで長期の視点」が必須になりますから、私案「SDGs・ロカベン・
地域情報による稟議書」のチェックリストの43項目による対象企業の見
直しが必要になります。この新しい稟議書を作成するためには、金融機
関担当者としては、当初は、この合体稟議書のチェック項目に沿って一
つひとつ検討していくことが必要になります。しかし、この稟議書に慣
れれば、このような都度のチェックは不要になり、融資担当者は日常の
取引先との会話の中から、43項目のヒアリング内容は徐々に習得される
ものと思われます。また融資担当者の上司についても、この43項目のチ
ェックリスト稟議を通して、直接には、面談経験のない企業の実態も大
雑把であってもより広く客観的に把握できるようになります。

　そして、この私案「SDGs・ロカベン・地域情報による稟議書」の作成
のためには以下のような対話がなされるものと思われます。

Q&A ❺

銀行：私ども金融機関としては、資本投入・資本支援1,000万円は、
　毎月の返済なしの融資ですから、当行としても、御社とともに協
　働で地域貢献をしていこうという融資のことです。そこで、御社
　の経営の健全性ばかりではなく、御社の企業理念や組織運営、内
　部統制などを含めた総合的な評価を踏まえて、融資の決定を行い
　たいということです。また、地域活性化のためには、いわゆる
　「SDGsの目標」達成に向けて動いているかを見ながら評価し、同
　時に、御社が当行と連携してでも、その目標の達成を目指すよう
　に、一緒に頑張りたいと思っております。

　　そこで、「SDGsの17の目標」や、企業の管理面のフォローとし
　て「ローカルベンチマーク・非財務ヒアリングシート（4つの視
　点）」、そして、地域から見た御社の評価などの「エリア審査」に
　ついても、御社独自にコメントをお願いしたいと思います。これ

らの内容については、SDGs・ローカルベンチマークなどのホームページに詳しく出ておりますので、ご一緒に、その内容について情報交換・意見交換をさせていただきたいと思います。

経営者：分かりました。私どもも、地元の商工会でこのSDGsについて、お話を聞いていますので、良い機会ですから、一つひとつの項目ごとに良く考えて、コメントをしていきたいと思います。

　また、ローカルベンチマークについても、お役所に補助金や助成金の申請をするときに作成しますから、その中の、非財務ヒアリングシート（４つの視点）について、既に検討して、記載したこともあります。確かに、私たちの地域貢献は当然ですが、同時に地域から見た当社への評価も重要ですから、御行と情報交換・意見交換をさせていただきたいですね。

銀行：ぜひ、お願いします。私ども金融機関も、本部に担当セクションを設けて、このSDGsについて検討しています。支店としても、本部のSDGs担当者とよく相談して、SDGsのそれぞれの目標を考えていきたいと思っています。新型コロナウイルス危機後におきましては、地方自治・地域医療が、より一層、重んじられ、地域の種々の機関もこのSDGsを、重視するようになってきましたね。

　また、「ローカルベンチマーク」についても、多くの企業とこの内容をベースにした対話を始めています。その「非財務ヒアリングシート」の経営者、関係者、事業、内部管理体制への４つの視点については、私どもにも新しい気付きがあるものです。

経営者：そうですね。新型コロナウイルスについては、特に医療機関との連携が重要になりましたし、３密防止や、テレワークの推進も、避けて通れないことになって、地域間の連携の重要さは、日々感じるようになりました。たとえば、第３番目の「すべての

人に健康と福祉を」の目標については、今後とも当社の最重要な行動指針にし、具体的には、感染症対応設備設置工事への協力などを積極的に行いたいと思っています。

　これからは、財務面ばかりではなく、非財務面や地域連携・地域貢献についての地域金融機関さんからのアドバイスを大切にいたしますので、よろしくお願いします。ちなみに、今後につきましては、「ローカルベンチマーク」の内部管理体制も整備し、取締役会の報告を金融機関に毎月行っていきたいと思っています。

コメント

　今後、中小企業への資本支援については、その取引先の過去の財務内容・経営計画・収支状況が優れているということだけで、その資本支援の対象先になるという審査は通用しません。また、それらの指標が劣っているからということで、資本支援の謝絶先になってしまうということもありません。金融機関が資本支援を行うということは、その企業の「SDGsの17の目標に対する対応」や、「ローカルベンチマーク・非財務ヒアリングシート（４つの視点）」また、「エリア審査における内部統制の貢献度・地域貢献意欲・地域からの評価」などのチェック項目の吟味が融資決定の大きな要因になると思います。さらには、金融機関自身の経営理念とその企業の他の機関との連携状況をも含めて、総合的に考慮して、資本投入・資本支援を決定することになると思われます。

　107～109ページのチェックリストのSDGsの17目標の検討については、当該企業ばかりではなく、金融機関自身もその内容を投資家の目線で評価する必要があります。金融機関としては、地域について、「RESAS」「経済センサス」「まち・ひと・しごと創生総合戦略」などのデータと、自行庫の独自のデータを分析しながら、取引先企業への資本支援の方針を決定するべきであると思います。

特に、新型コロナウイルス危機後については、感染症に対する医療機関との防疫や重症患者対応の体制構築や他の機関との連携について、地域単位で検討する必要があると思います。同時に、３密防止や、テレワークの推進（含む、ICTやAI機能の強化）への取引先企業の貢献も必要になります。

　従来から、資本支援については、多くの金融機関では、DDS（デット・デット・スワップ）という企業単体への再生手法に限って、資本性融資の投入を行ってきました。新規に融資残高が純増する資本性劣後ローンや資本性融資については、ほとんど中小企業に対して実行することはなかったと思います。ということは、SDGsやローカルベンチマークの非財務データまたエリア審査項目による企業の評価も行われず、企業と自行庫との連携や地域の他の機関との連携を通した地域貢献・地域活性化の視点による企業評価も実施されないままに、実質的な資本性融資の審査も行ってこなかったのかもしれません。

　新型コロナウイルス危機後については、感染症の防疫等の体制構築を地域単位で地域の各機関と連携して行わなければならないことになり、今後については、ここで述べた、「企業の稟議書」と私案「SDGs・ロカベン・地域情報による稟議書」の両者の稟議内容の検討を通して、地域金融機関から資本投入・資本支援が活発化していくものと思います。

6 企業審査におけるモニタリング管理のウエイトの拡大

　資本支援の審査では、各金融機関とも本部と支店の間で、企業・事業ごとに個別対応を行っており、この資本支援実行の可否の共通の目線は、十分には確立していないと思われます。そこで、この資本支援の実行後には、モニタリング管理で実績フォローを行わなければなりませんが、未だに、このモニタリングの手法も固まっていません。

　もともと、この資本支援は、上場会社におけるエクイティファイナンス（株式投資）の発展形でもありますから、そのモニタリングについても、上場会社における内部統制に準じたものにしていくことが望ましいと思います。目下、上場会社は、コーポレートガバナンス・コードを、ほぼ全社に導入しておりますので、これからは、この資本支援を受けた中小企業はコーポレートガバナンス・コードに沿って、内部統制を確立することをお勧めしたいと思います。コーポレートガバナンス・コードでは、株主・ステークホルダー・情報開示・取締役会・対話の5本の柱によって構成されていますが、特に、「取締役会」の実施が「扇の要」役になっていると思います。

　具体的には、取引先中小企業が経営者のワンマン経営体制であろうとも、取締役会の機能を高めて、少なくとも3か月に1回はその議事録の「写」を金融機関に提出することをお勧めしたいと思います。ただし、中小企業のワンマン経営者の社長と取締役会についてお話をしますと、「私の会社は私と家族ですべての株式を持っておりますから、取締役会は私の言う通り動きます。私以外の取締役は何の意見も言いませんので、取締役会は形骸化しています。また、私の会社は、取締役会非設置会社ですから、取締役会などありません」と言われる社長がいますが、その発言は正しくないことが多々あります。調べてみると、会社には定款もあって、取締役は3人以上いて、監査役もおり、その会社は、取締役会設置会社であることが良くあるのです。

　そこで、取締役会については、中小企業と言えども、よく勉強しておく必要があります。会社法362条は、以下の通りです。そこで、各中小企業は、会社法362条を参考にして、取締役会を行うことも一策と思います。362条では、第2項に、「一　取締役会設置会社の業務執行の決定」と「二　取締役の職務の執行の監督」と述べられていますが、これは、「各取締役が業務の執行の決議を行い、その決議内容を含め、取締役の職

務の執行の監督」を行うことです。これは、ワンマン経営の是正を意味しており、取締役の執行の決議とモニタリング力（監督力）の確立をも意味しています。会社組織をしっかりしたものにして、取締役は会社経営に意見をもって、そのフォローも行うべきということです。

　また、第4項の「六　取締役の職務の執行が法令及び定款に適合することを確保するための体制その他株式会社の業務（一部省略）の適正を確保するために必要なものとして法務省令で定める体制の整備」とは、「内部統制」をしっかり行うということです。

　そして、この取締役会の内容を、議事録にして、金融機関に提出することは、資本支援をしてくれた金融機関に対する「情報開示」の責任履行ということにもなります。また、この取締役会において、「株主・ステークホルダー」について、意見交換を行い、金融機関と「対話」をすることで、中小企業版の「コーポレートガバナンス・コード」すなわち、「ローカルベンチマーク・非財務ヒアリングシート（4つの視点）」を実践することになるとも思われます。

会社法第 362 条

（取締役会の権限等）

第 362 条　取締役会は、すべての取締役で組織する。

2　取締役会は、次に掲げる職務を行う。

　一　取締役会設置会社の業務執行の決定

　二　取締役の職務の執行の監督

　三　代表取締役の選定及び解職

3　取締役会は、取締役の中から代表取締役を選定しなければならない。

4　取締役会は、次に掲げる事項その他の重要な業務執行の決定を取締役に委任することができない。

　一　重要な財産の処分及び譲受け

　二　多額の借財

　三　支配人その他の重要な使用人の選任及び解任

　四　支店その他の重要な組織の設置、変更及び廃止

　　五　第676条第一号に掲げる事項その他の社債を引き受ける者の募集
　　　に関する重要な事項として法務省令で定める事項
　　六　取締役の職務の執行が法令及び定款に適合することを確保するた
　　　めの体制その他株式会社の業務並びに当該株式会社及びその子会社
　　　から成る企業集団の業務の適正を確保するために必要なものとして
　　　法務省令で定める体制の整備
　　七　第426条第1項の規定による定款の定めに基づく第423条第1項
　　　の責任の免除
　5　大会社である取締役会設置会社においては、取締役会は、前項第六
　　号に掲げる事項を決定しなければならない。

第**6**章 返済猶予の獲得交渉を有利に進める手法

1 返済猶予の実態と受け止め方

　新型コロナウイルス危機後の資金調達の目玉施策は、大企業や中堅・中小企業では資本支援であり、中小・小規模企業については返済猶予となっています。この危機を「恐慌」という人もいますが、この「恐慌」とは、大きな需要が突然なくなって、企業は収益チャンスが見えなくなり、供給も途絶え、何に向かって汗をかいて良いのか分からなくなった人々が、やることがないまま、職を探し続ける状況のことを言います。まさに、現在の飲食業・旅行業・イベント業などがその中にいますが、今後はサプライチェーンの乱れからもっと多くの業種に同様な影響が出るかもしれません。

　その対策としては、大きな資金を企業に投入し、企業が試行錯誤して、新しい需要を見つけ出し、需要・供給の回転を巡航速度に戻すことが大切ですが、先が見えない時こそ、企業にとって返済猶予や資本支援が有難い支援策になると思います。企業が試行錯誤を繰り返すときに、返済の金額や期日で拘束するよりも、返済を求めない資本支援や返済猶予、そして、資本性劣後ローン・資本性融資を提供することが、どんなに企業として有難く、次の飛躍に役立つかは当然と思われます。

　確かに先は見えませんが、現在は、「３密防止」と「テレワーク推進」と「医療本位制」は、不動の行動原則になっており、その施策としては、「ITとAI活用のプラットフォーム」の上で、「異業種との業態連携」や、「労働スキルの拡大」「医療・検査体制の早期確立」をすることで、必須

施策になっています。それらの施策を実施するに当たり、返済猶予や返済なしの資本支援は、大きな効果をもたらしますので、このような資金支援に期待したいと思います。

一般的に、中小企業が返済猶予を金融機関に申請するということは、借り手企業サイドでは「金融機関に返済を待ってもらうこと」「キャッシュフローが手元に出てくるまで、返済を延ばすこと」ですが、貸し手金融機関の見方としては「従来通りの返済を再度始めるまで、その元本の返済を先に延ばし手元資金を蓄えてもらうこと」「何とか返済できるまで、キャッシュを手元に積み上げてもらうこと」になります。貸し手と借り手は対等の立場で、手元資金の積み上げを両者が期待することです。

しかし、ややもすると、借り手は、「返済を待ってください」といい、逆に、金融機関は、「いつまで待つの？　昔の返済はいつ戻してくれるの？」ということになるようです。

このような交渉が続くうちに、結局、貸し手の金融機関の融資担当者の論理が優勢になって、その交渉は、ほとんどの場合、「最短では、いつから返済を始めるの？」という回答を借り手に強く求めることになるようです。

2 ｜ 法律上の返済猶予の捉え方

しかし、返済猶予の法律である、2009年の「金融円滑化法」では、そのような単純な返済猶予だけを想定していたわけではありません。金融円滑化法の中心的な条項は第4条になりますが、ここには「①条件変更、②旧債借換え（借入れ体系の変更）、③債務の株式化」という、3つの手法が書かれていました。

すなわち、この法律は、金融機関が中小企業から返済猶予の申込みを受け付けたときには、メガバンクなどの主要行が開発し実践してきた「借

入条件変更」や「旧債借換えである多数の借入れの一本化」また「大企業では頻繁に行われている債務の株式化（DES）」などの手法を使って、中小企業に対して、自主的に、事業改善や再生を推進するべきであると主張しています。返済猶予の申請を受けた金融機関は、金融円滑化法第4条のいわゆる「企業再生の高度の手法」までを駆使するべきであると述べているのです。

　今後は、中小企業と金融機関の融資担当者を中心とした「Q&Aのやりとり」を示しながら、これらの高度の手法を使って円滑な再生ができるように、金融機関との交渉術を紹介していくことにしたいと思います。

1）1つの金融機関から1本の借入れを受けている場合

　ある企業が、金額3,000万円の貸出を期間30か月（毎月100万円の返済）で借りている場合を想定しましょう。この企業は、当初は、仕入資金融資または設備投資融資など、事業の内容を吟味して30か月（2年6か月）の返済を計画したのです。しかし、新型コロナウイルス危機後で苦しくなった資金繰り対策として、自社の資金繰り予想をもう一度立て直して、毎月の返済がいつごろから楽になるかを考えて、その返済猶予期間を金融機関に申請することにしたのです。

　その猶予期間が6か月の場合は次図のⒶのケースであり、2年間（24か月）の場合はⒷのケースです。

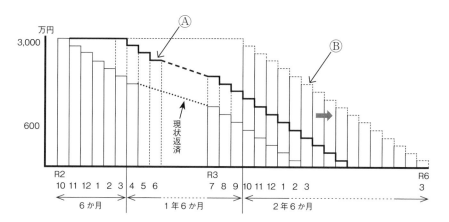

　Ⓐのケースは６か月間返済猶予してもらい、その６か月の間に600万円（＝100万円×６か月）の返済財源が猶予され、Ⓑのケースは２年間返済猶予してもらい、2,400万円（＝100万円×24か月）の返済財源が猶予されます。

　したがって、資金繰り予想で、Ⓐのケースは６か月後、Ⓑのケースは２年後に、必ず、毎月100万円以上の返済資金が手元にできることを確信しなければなりません。

　たとえば、Ⓐのケースで、中小企業と金融機関のやり取りを示すことにします。

Q&A 6

経営者：取引先Ａが倒産し、売掛金の600万円が回収できなくなりました。そこで当社は、この取引先の販売先に直接セールスをすることにしました。その他にも新規先に工作をしますので、おそらく６か月後には、従来通りの返済ができるようになると考えています。ぜひ、６か月の返済猶予をお願いします。

銀行：では、取引先Ａ社への売掛債権の明細とその回収不能額を教えてください。御社の販売品の早期の回収はできないのですか。

仕入先に対する支払いの引延ばしは、できませんか。とにかく、資金繰り予定表の提出をお願いします。

　経営者：承知しました。早速、資金繰り予定表を作成してお出しします。私どもは倒産したＡ社に行ってきましたが、当社の販売した商品は、倉庫には在庫としては残っておりません。当社の仕入先は数が多いために、それぞれの仕入先への支払いの引延ばし交渉は難しいと思います。また、当社の買掛金の支払い延期については、当社自身の風評（評判）リスクが高まりますので、仕入先への交渉は勘弁していただきたいのですが。とにかく、これから６か月間については、いついくら返済できるかの見込みが立ちませんから、６か月の返済猶予（資本支援）をお願いします。

コメント

　その後、当社は、６か月後には、毎月100万円の返済ができる資金繰り予定表を４月に提出しました。翌５月には、自社の定期預金1,000万円を解約し、資金繰りに充てることにしていました。金融機関も、新型コロナウイルス危機の中小企業への影響が甚大であることと、その倒産の実情を把握して、６か月間の返済猶予を認めることになりました。

　このことを、ご参考のために、実際に使われる資金繰り表で示すことにします。

　すなわち、当社は、常に1,000万円以上の手元資金が必要ですが、５月に1,000万円の定期預金の解約をしても、７月には手元資金が100万円を切ってしまい、８月以降の繰越金は1,000万円を割り込んでしまうことになります。「Ｖ社の月ごとの資金繰り表（現在の成行ベース）」参照

　そこで、当社は、６か月の返済猶予を許容してもらうと、その後の資金繰りは、８月以降1,000万円を超えることになります。６か月間の返済

猶予が認められることで、本件後の資金繰り表が示す通りに、手元資金にゆとりが生まれ、今後のキャッシュフローに貢献することが明らかになります。「6か月の返済猶予を受けた場合のV社の月ごとの資金繰り表」参照

この資金繰り表においては、前の会話で説明した「当社は、この（倒産先の）取引先の販売先に直接セールスをすることにしました。その他にも新規先に工作をしますので、おそらく6か月後には、従来通りの返済ができるようになると考えています」の販売増加分を資金繰りに入れていません。また、前の会話の中では、話題にしなかった、定期預金の解約1,000万円を算入しています。新型コロナウイルス危機後の販売増加については、なかなか見通しが立ちませんから、当社はあえて、定期預金の解約を資金繰り表に入れました。金融機関としては、ここまでの当社の覚悟に対しては、それ以上に、抵抗はできなかったものと思われます。

なお、ここで、経営者が見る、実際の「資金繰り表」の勘所を考えていきたいと思います。まずは、合計金額欄の収入・現金と支出・現金を大掴みにして、その後に内訳金額の異常値を見ていきます。そこで、収入欄の数値の根拠を見ますが、売上は外部環境に左右されますので、自社の販売政策との整合性をチェックすることが大切です。支出欄の数値は内部環境ですから、一般的には、それほど大きな変化は出せません。企業の内部組織の変更や大きな人材リストラなどの時は別ですが、ほぼ前年と同様な動きになるようです。そして、最も重要な数値は、金融の収入と支出です。ここでは、すべての金融機関の将来の動きが出てきますから、融資担当者と最も議論が白熱するところかもしれません。

また、この資金繰り表の「現金回収」「現金支払」「受取手形期日入金」「支払手形決済」などの勘定科目の合計値によって、9月末の予想貸借対

●V社の月ごとの資金繰り表（現在の成行ベース）

（単位：千円）

			4月 （実績）	5月 （見込み）	6月 （見込み）	7月 （見込み）	8月 （見込み）	9月 （見込み）	合計
	前月繰越金 （A）		26,976	11,443	12,191	10,275	946	9,218	
収入	現金	現金回収	7,580	5,746	6,000	6,000	6,000	6,000	37,326
		受取手形期日入金							0
									0
		計 （B）	7,580	5,746	6,000	6,000	6,000	6,000	37,326
	手形		7,135	3,666					10,801
支出	現金	現金支払	3,237	4,000	5,000	7,000	7,000	7,000	33,237
		支払手形決済	8,291	4,012	3,246	8,686	1,970	3,000	29,205
		人件費	7,750	8,238	8,238	8,238	8,238	8,238	48,940
		運賃							0
		賃借料	150	150	150	150	150	150	900
		租税公課	14	14	3,000	1,000		2,000	6,028
		その他経費	4,026	5,312	6,120	6,120	6,120	6,120	33,818
		設備支払手形決済							0
		計 （C）	23,468	21,726	25,754	31,194	23,478	26,508	152,128
	手形振出	営業分	1,970	3,000					4,970
									0
		設備分							0
		計	1,970	3,000	0	0	0	0	4,970
営業収支 （D）＝（B）－（C）			-15,888	-15,980	-19,754	-25,194	-17,478	-20,508	-114,802
金融	収入	割引手形	1,355	7,728	18,838	16,865	26,750	18,900	90,436
		短期借入金							0
		長期借入金							0
		固定性預金解約		10,000					10,000
		計 （E）	1,355	17,728	18,838	16,865	26,750	18,900	100,436
	支出	短期借入金返済							0
		長期借入金返済	1,000	1,000	1,000	1,000	1,000	1,000	6,000
		積立預金							0
		計 （F）	1,000	1,000	1,000	1,000	1,000	1,000	6,000
金融収支 （G）＝（E）－（F）			355	16,728	17,838	15,865	25,750	17,900	94,436
翌月繰越 （A）＋（D）＋（G）			11,443	12,191	10,275	946	9,218	6,610	

● 6 か月の返済猶予をした場合のV社の月ごとの資金繰り表

（単位：千円）

			4月 （実績）	5月 （計画）	6月 （計画）	7月 （計画）	8月 （計画）	9月 （計画）	合計
	前月繰越金　（A）		26,976	11,443	13,191	12,275	3,946	13,218	
収入	現金	現金回収	7,580	5,746	6,000	6,000	6,000	6,000	37,326
		受取手形期日入金							0
									0
		計　（B）	7,580	5,746	6,000	6,000	6,000	6,000	37,326
	手形		7,135	3,666					10,801
支出	現金	現金支払	3,237	4,000	5,000	7,000	7,000	7,000	33,237
		支払手形決済	8,291	4,012	3,246	8,686	1,970	3,000	29,205
		人件費	7,750	8,238	8,238	8,238	8,238	8,238	48,940
		運賃							0
		賃借料	150	150	150	150	150	150	900
		租税公課	14	14	3,000	1,000		2,000	6,028
		その他経費	4,026	5,312	6,120	6,120	6,120	6,120	33,818
		設備支払手形決済							0
		計　（C）	23,468	21,726	25,754	31,194	23,478	26,508	152,128
	手形振出	営業分	1,970	3,000					4,970
									0
		設備分							0
		計	1,970	3,000	0	0	0	0	4,970
営業収支　（D）＝（B）−（C）			-15,888	-15,980	-19,754	-25,194	-17,478	-20,508	-114,802
金融	収入	割引手形	1,355	7,728	18,838	16,865	26,750	18,900	90,436
		短期借入金							0
		長期借入金							0
		固定性預金解約		10,000					10,000
		計　（E）	1,355	17,728	18,838	16,865	26,750	18,900	100,436
	支出	短期借入金返済							0
		長期借入金返済	1,000	0	0	0	0	0	1,000
		積立預金							0
		計　（F）	1,000	0	0	0	0	0	1,000
金融収支　（G）＝（E）−（F）			355	17,728	18,838	16,865	26,750	18,900	99,436
翌月繰越　（A）＋（D）＋（G）			11,443	13,191	12,275	3,946	13,218	11,610	

第1部

第2部

照表の種々の勘定科目の数値の見込み値を作成することもできます。

　ちなみに、Ⓑのケースは２年間返済猶予で、2,400万円（＝100万円×24か月）の返済財源が猶予されることになっていますが、この返済猶予は資本投入・資本支援に相当します。このような場合は、金融機関としては、前述の私案「SDGs・ロカベン・地域情報による稟議書」のチェックリスト43項目による取引先企業の見直しが必要になると思います。企業としても、経営理念や内部統制・地域貢献などについて、金融機関に情報提供をしたり、対話を行うことがポイントになります。

2）借入金の据置期間を延長してもらう時の交渉

　新型コロナウイルス危機により、海外との往来規制や相手国の事情による生産のストップが発生していますが、このような海外に依存し過ぎたサプライチェーンを国内に戻す動きが最近多くなっています。部品などの生産を国内にすべて戻すところまでには至っていませんが、国内・地方は人件費や物件費の負担が小さく、オンラインやインターネットで情報格差も縮小できたことから、工場などの地方への設置が見込まれています。このような国内・地方への設備投資の増加が見込まれる中、地域金融機関には多様性のある設備投資融資の品揃えが求められるようになっています。特に、返済期間の延長や据置期間の長期化、担保・保証条件の緩和など、取引先ニーズに合った対応が求められています。

　一般的には、金融機関は、自行庫の社内ルールや慣習によって据置期間を決めていましたが、これからは、極力、取引先の資金繰りに合わせて、据置期間を決めることが必要になります。

　海外シフトで５年前に取引が途絶えた部品の大口納入企業が、国内から再度、部品調達を始めることになり、当社にその大きな部品供給の提案がなされることになりました。当社としては、工場の生産ラインに余力がありますので、この提案を受けることになりました。そこで、地域

金融機関に設備増強の融資の申込みをすることになり、その金融機関と
の設備投資融資のやり取りは以下の通りです。

Q&A 7

経営者：当社のかつての大口販売先B社は、中国に部品工場を建設
し、下請会社であった当社からの部品購入を取りやめましたが、
新型コロナウイルス危機によって、中国からの部品供給が止まり、
再度、当社から部品を購入し始めることになりました。当社は、
従来からの技術に加えて、新しく開発した特許を使用することに
して、B社に単価を引き上げて販売することにしました。この値
上げも通ることになったので、新たにこの部品製造の設備投資も
決断しました。当社の工場の余剰スペースを活用し、新しいライ
ンを増設したいと思っています。これには、多少の資金負担が生
じますので、できれば、既にお借りしている借入れの毎月100万
円の返済を、2年間猶予していただけないでしょうか。

銀行：御社の事情は分かりますが、なぜ、新しい設備資金借入れで
はなく、あえて、2年間の返済猶予のお話になったのですか。

経営者：実は、この資金調達予定は、約2,500万円であり、以前お借
りした1億2,000万円に比べれば少額でもあります。今回の機械の
購入やリフォームなどの必要金額はこまごまとして、以前お借り
した設備の追加工事とも解釈できるものです。そこで、2年間の
据置期間と期日の延長をいただければ、この資金調達はあえて新
しい資金を投入しなくとも、できると思いました。

銀行：そうですね。この2,500万円を新しくお貸しする場合は、新規
の設備資金融資として、資金使途と返済計画、また新しい担保差
入れの説明も必要になりますね。おっしゃる通り、本件は大きな
設備のリフォームとも解釈できますから、返済猶予を2年間延長
することで、検討することもできますね。ただし、従来ならば、

このような場合は、新しい融資を行うことが慣習になっていましたので、本部に稟議を上げて承認が必要になります。

経営者：そのことは、よく分かります。2年間の約定返済金額は2,400万円ですので、その金額相当の予算の明細を出しますので、それで、よろしいですか。

銀行：しかし、2年間の据置きすなわち返済猶予と、返済期日の2年間の延長の両方を承認することはなかなか難しいと思いますので、据置き2年で、その後の返済は毎月25万円増加の125万円にしていただき、期日は不変ではいかがでしょうか。

経営者：2年間の返済猶予で、毎月返済が25％も増加するのですか。

銀行：その通りですが、この2年間に自由に使える資金が2,400万円増加して、収益が向上すると考えれば、使い勝手の良い資金調達だと思いますが……。ところで、新型コロナウイルス危機で、売上が落ち、費用が嵩んで、手元資金が減っていることはありませんか。

経営者：それはありますよ。毎月1,000万円の人件費がかかりますし、この2か月は工場の出勤者は半分になっていますから、生産性も落ちています。また、販売も以前より20％は落ち込んでいますから、手元資金は減少しています。ただし、この動きがいつまで続くか、まだ読めないので、明確な資金ニーズが固まりません。

銀行：分かりました。工場の機械購入とリフォームで約2,500万円、また、新型コロナウイルス危機で約2,000万円と仮定すれば、合計4,500万円の現預金の低下があったということですか。そのことを資金繰り予定表にまとめていただき、試算表と経営計画書を提出してもらえますか。

経営者：分かりました。実は、私どもとしては、工場関連費用と新型コロナウイルス危機のコスト増加で現預金が減少していること

は明らかなのですが、コロナ関連費用が、毎日、数字が動くもの
で、確定した資金ニーズが固まらず、困っています。そこで、２
年間の返済猶予をいただければ、この２つの資金ニーズを据置期
間の延長でどうにか賄えると思ったということです。そして、こ
の機械の購入やリフォームの投資からの収益増加で返済ができる
と思ったのです。

銀行：いろいろ、私ども金融機関にご配慮していただき、ありがと
うございます。では、私どもとしては、御社の当初のご要請のと
おり、２年間の据置期間と２年間の期日の延長を本部に稟議しま
すが、何とか、新型コロナウイルス危機による現預金の減少のリ
ストを作成し、それを反映した資金繰り予定表を別に作成してい
ただけませんか。新型コロナウイルス危機後の資金支援として、
この資金ニーズを把握しておきたいと思います。この現預金減少
リストの返済財源が明確にならなくとも、これからは返済猶予を
認めることが可能になるかもしれません。現在は、金融機関は新
型コロナウイルス危機後の特別措置として、何でも返済猶予をし
ていると思われているようですが、当行としては、やはりしっか
りした審査は行っていきたいと思っています。

経営者：それは当然だと思います。ところで、今回は、なぜ、工場
関連費用と新型コロナウイルス危機の費用の２つの明細の提出を、
われわれに依頼するのですか。

銀行：実は、御社の２年間という返済据置きについては、かなり長
期間であり、その返済財源がはっきりしないということは、当行
としては、与信管理上、かなり詰めなければならないのです。つ
まり、返済なしの融資の場合は、御社に出資しており、元本が戻
らないことを覚悟して、運命共同体のような発想を求められるの
です。当行としては、大きなリスクがあるとみなして、100％引当

金を積む覚悟をしているのです。すなわち、投資家は株式投資をする場合は、その投資資金の使途や返済財源も聞かずに、その資金が戻ってこないことも覚悟するのです。したがって、金融機関としては、その企業の財務体質、収益・収支状況、経営改善計画また経営理念や社会貢献度などを徹底的に調べることになり、同時に、政府や地方自治体の考え方との整合性もチェックする必要があるのです。

経営者：ついては、国が推奨する新型コロナウイルス危機後の特別措置に、当社が該当するかどうかも、確認するということになるのですか。

銀行：その通りです。金融機関は、従来、融資の審査をするときは、資金使途や返済財源、時には担保やその他資産などを調査して、そのキャッシュフローを確認するのです。据置期間や返済猶予中は、それらキャッシュフローによる確認チェックができませんから、企業体質や企業力また経営理念のほか、地域におけるその企業への評価もチェックする必要があるのです。御社にお願いした資料も、そのような観点から、求めたものなのです。すなわち、やや厳格な審査が必要になるのです。

経営者：よく分かりました。ということは、返済のない融資を受けるとき、または、エクイティファイナンスに近い資本性融資や資本性劣後ローンを金融機関から受ける場合は、資金の受け手としては、情報開示をしっかり行わなければならないということですね。長期間の据置き融資や返済猶予を金融機関に申請するときは、中小企業は企業の内容のほかに、経営理念や自社の地域貢献状況なども、金融機関に開示しなければならないということですね。

銀行：そうですね。私どもも、このような資本投入・資本支援を行う時は、従来の「企業の稟議書」に加えて、SDGs・ロカベン・地

域貢献などの企業の考え方をまとめて、本部に提出し、支店と本部のメンバーで総合的に検討をすることになっています。資本投入・資本支援を活発化していくことになっているものの、その検討事項はかなり広範囲になっています。ということで、できれば、そのような内容を書面にして提出していただくと有難いですね。

コメント

　長期融資には、設備資金融資や長期運転資金などの融資があり、その返済は、一般的には融資が実行された翌月から毎月の返済が始まるものですが、例外的に、据置き期間付きの毎月返済融資があります。

　新型コロナウイルス危機後の特別措置では、この長期間の据置期間付きの融資が注目されています。たとえば、「民間金融機関における実質無利子・無担保融資」は、「国のセーフティネット保証制度」が前提になった融資ですが、期間10年の融資に対して、据置期間を最長5年まで認めています。しかも、その融資の審査については、「1年以上継続して事業を行い、前年同月の月商または販売量が20％以上ダウンし、その後3か月もダウンする先」という救済条件のみで実行することができる融資になっています。

　企業の販売額・販売量で実行を決めるような融資は、今までの民間の金融機関の融資商品としては、極めて稀であって、前例もほとんどありません。しかし、融資資金の出所（でどころ）と入金口座・返済口座が、民間の金融機関の融資部門とその預金口座であることから、民間の融資でも同じ審査基準であると思われる中小企業経営者や、時には融資担当者もいるかもしれません。実は、この融資は社会政策融資であり、民間の金融機関が主に扱う成長政策融資ではありませんので、融資実行の審査は、従来の融資とは異なるものです。とは言いながら、新型コロナウイルス危機後の民間の金融機関の融資審査に対して、これらの国のセーフティネッ

ト保証制度の融資やその審査条件に引っ張られる可能性も考えられます。

　中小企業の経営者や民間の金融機関は、当面の企業の難局を切り抜けるためには、このような社会政策的な融資を活用することも一策ですが、やはり、発展する中小企業については、融資や資金調達の王道である成長政策的な融資やその審査について、十分に習得しておく必要があります。「長期間の据置き付きの融資」は、「返済のない資本支援」の一種であり、企業の成長のための王道であることを再認識するべきです。

　そこで、成長政策的な金融機関の中小企業融資や資本支援について、中小企業と融資担当者の会話で、考えていただくことにします。

　たとえば、融資期間が10年で、当初2年間の据置期間と8年間の毎月返済期間がある場合は、融資審査と与信管理については、融資実行前に「スコアリング評価と定性要因分析におけるリスク率のチェック」を行い、融資実行後には「長期融資の毎月の分割返済状況のフォローと延滞時のモニタリングチェック」を行います。それに加えて、資本性融資・資本性劣後ローン・長期間の返済猶予については、対象企業の経営理念や地域の各機関との連携、またSDGs目標のチェック、さらには、融資債権者の金融機関との協働までをも含めた審査が必要になっています。

　このような成長政策的な融資や資本投入・資本支援などを行う金融機関の審査を、俯瞰してみると、以下の『銀行借入れと社債・資本による資金調達条件の一覧表』のようになります。

●銀行借入れと社債・資本による資金調達条件の一覧表

B/S（バランスシート）
（運用）（調達）

資金調達条件

貸出形式	金額	利率	貸出期間	使途	返済方法	担保
銀行借入（証書）（手形）（割引）	将来キャッシュフロー（イン）に見合った金額	低い／リスク率と連動	短期／中期	時間ギャップ充当型（仕入、在庫、つなぎ、賞与、決算、設備 etc）／資本性劣後ローン	将来キャッシュフロー（イン）（ex）毎月返済	キャッシュフロー（担保）協会預金不動産etc
社債	資本構成上必要な資金量	エクイティ要素で補完／高い	中期／長期	資本構成ギャップ充当型	期限一括返済	原則信用（不動産担保etc）
株式	配当負担が高いために企業の基盤がくずれる時は低くなる	期限なし	・企業買収（バイアウト）・創業支援・成長支援・自己株式取得	期限なし	当然ながら信用

　この表は、貸借対照表の貸方の銀行借入れ・社債・資本の科目に沿った資金調達条件を、一覧表にしたものです。

　銀行借入れについては、金融機関の事業審査（事業のキャッシュフローを重視）のチェック項目のポイントを示し、社債や株式投資についても、その項目ごとにチェック内容を記載しています。そこで、株式投資項目を見ると、事業審査項目ではほとんどチェックができないことが明らかになっています。社債のチェック項目は、銀行借入れと株式投資の中間的なチェックとなっています。そこで、株式投資や社債については、事業審査とは異なる内容の審査を行うことになるのです。対象企業の経営理念・地域連携・SDGs目標・ローカルベンチマークの非財務情報・金融機関との協働などを、重点的に見ることになっています。したがって、資本性融資や資本性劣後ローン、また長期間の返済猶予の審査については、その企業の経営理念などの情報開示をしてもらわない場合は、なか

なか、その資本支援の実行がやりづらいということになります。

　また、これらの資本支援については、今後の企業の成長政策になる業種転換資金、事業承継資金、創業資金、成長分野拡充資金、自己株式購入資金、M&A資金に対する資本投入も含まれますから、銀行借入れ時にも提供する「財務体質、損益動向・収支状況や経営改善計画」に加えて、やはり、経営理念・地域貢献などの情報開示を行うことが必要になります。

3) 1つの金融機関から何本もの借入れを受けている場合の交渉

　企業は繰り返される事業について、その資金還流の時間ギャップを金融機関から融資を受けて、事業の回転率を高め、収益を増やして、企業を成長させます。企業が何本もの借入れがあることは、それだけ事業回転率が高まって、成長の勢いが高いということにもなります。

　しかし、事業にはアクシデントがあったり、景気の急激な落ち込みで、資金還流が止まってしまうこともあります。この資金還流が後ろ倒しになった場合は、返済を遅らせれば済みますが、新型コロナウイルス危機のように、先が見えないような大きな景気落ち込みの場合は、手元資金がなくなってしまい、すべての融資の返済ができないことも生じます。この返済財源について、将来の手元資金の動向を考えて、返済を組み替えることも経営を続ける欠かせない手法と言えます。

　金融機関の融資担当者として、融資業務のもっとも重要なプロセスは、融資実行の審査であると思いがちですが、実は、融資実行時の資金還流予定が狂うことの調整こそ、その重要な仕事になっています。企業の資金繰り予定が狂ってしまった場合、その返済金額の調整が融資担当者の手腕の一つと言われています。したがって、中小企業の経営者の皆様も、資金繰りの変動や返済計画の変更については、ざっくばらんに融資担当者に相談するべきであると思います。

　ここでは、単純化して、１つの金融機関から４本の借入れを受けているケースで考えることにします。

　１つの金融機関から、金額1,000万円、2,000万円、3,000万円、4,000万円で、合計１億円の借入れをしているケースの返済猶予を考えてみます。この１本１本の貸出の資金使途・返済期間・金利・担保は下表の通りです。

借入金額	毎月返済額	資金使途	返済期間	金利	担保
1,000万円	200万円	賞与資金	５か月	1.5%	信用
2,000万円	500万円	仕入資金	４か月	2%	信用
3,000万円	50万円	設備資金	５年	3%	保証協会
4,000万円	40万円	長期運転資金	８年４か月	3.5%	抵当権
計１億円	計790万円				

Q&A 8

経営者：今月末の毎月返済は790万円になりますが、何とか、この返済額を少なくしてもらえませんか。最近の新型コロナウイルス危機で売上の減少となり、手元現金の減少が大きく、できれば、しばらくの間、毎月の返済を猶予していただきたいのですが。

銀行：では、どのくらいの間、毎月の返済の猶予を希望されるのですか。毎月の返済金額がいくらになれば、よろしいのですか。そして、いつから、もとの毎月返済に戻してもらえるのですか。返済猶予と言っても、４本の借入れのうち、どの借入れの返済猶予を、お考えになっているのですか。

経営者：そのように、いろいろなことを一度に聞かれても、頭が混乱してしまいます。まずは、返済猶予をしていただき、その間に考えたいと思います。

銀行：今回の新型コロナウイルス危機後の特別措置で、金融機関は返済猶予に積極的に協力することになっていますが、とは言っても、まず、その企業が事業改善できるか、再生できることを、金

融機関として、見極めなければなりません。取りあえず、御社の情報をもっといただきたいのです。

経営者：その点は分かりましたが、具体的に、このように何本も借入れがある場合、他の企業さんの返済猶予はどのようにされているのですか。

銀行：そうですね。すべての借入れに対して、返済猶予を申請される場合は、原則、その返済猶予期間を「資金繰り予定表」で手元現預金の動向を教えてもらい、その金額によって決めてもらいます。返済猶予期間が長期間である場合は、企業自身の体力や経営力・経営方針などについて本部に報告しなければなりませんから、いろいろな資料をいただいて検討します。

経営者：分かりました。しかし、４本の貸出の一部について返済猶予をお願いするならば、どのように考えたらよいのですか。

銀行：それは、それぞれのお借入れの当初実行時にお約束した返済予定に沿って、資金還流の状況を見て、どのくらいの期間の返済猶予をするべきかを決めています。たとえば、「毎月返済額」の軽減化をご希望されるならば、御社の場合は、毎月の返済金額が大きい仕入資金借入れの返済猶予が効果的だと思います。ただし、資金繰りの改善には役立ちますが、最終期日の４か月後に前回の融資残高が残っていた場合には、再度仕入資金を融資できるかが心配ですね。また、仕入れ商品が売れて、その売掛金等が入金になったときは、金融機関には、当然全額返済してもらうことになりますね。

　「資金使途」を考えるならば、たとえば、設備資金借入れのケースでお話しましょう。当面、設備投資からの収益が見込めなくなった場合は、その設備資金借入れへの返済猶予をすることが筋になりますね。「返済猶予の期間」を考えるならば、収益の一部に

よって返済することになっている長期運転資金への返済猶予が望ましいと言えますね。ただし、当面の資金繰りへの寄与額は、一番少ないことになりますが……。「金利」から考えれば、最も金利負担の低い賞与資金への返済猶予が望ましいと言えますが、5か月後はその賞与資金が全額返済になっていない場合は、次回の賞与資金の融資は難しくなりますね。「担保」から考えれば、やはり、信用扱いの賞与資金・仕入資金への返済猶予がよいと思いますが、金融機関サイドとしては与信リスクが高いということから、あまり、賛成はしないと思います。

経営者：よく分かりました。それぞれのお借入れ時には、融資実行時に返済条件を決めていましたので、その条件変更について、1本1本の借入れについて考えなければならないということですね。そんなに、複雑なこととは思いませんでした。

銀行：それから、多くの借入れの中から、ある1本の借入れを返済猶予することになるならば、その借入れのメリット・デメリットもよく考えて決めなければならないということですね。

　当然、逆の立場にある金融機関としても、どの貸出の返済を猶予するべきかを考えますね。まして、金融機関は、返済猶予自体が与信リスクの増大を招くことですから、いくら新型コロナウイルス危機後の特別措置で、円滑に返済条件の変更を進めるように、金融庁から指導されても、借入先中小企業の申請通りに、二つ返事で了解するとは限りませんね。借入先中小企業の返済猶予期間が納得でき、その期間の後に順調な返済が励行されることが確信できなければ、なかなか金融機関としても円滑な返済猶予には動きにくいものです。まして、借入先の返済猶予の説明やその説明資料が不十分な時は、その返済猶予を簡単には受けることはできないことになります。金融機関としては、返済猶予は、現象面で

は「延滞」と同じことになりますからね。

経営者：ということは、むしろ、すべての毎月返済を一斉に止める依頼の方が、説明は簡単ということになりますね。確かに個々の融資については、毎月返済について、それぞれ約束事があって、その変更には理由の説明が必要で、それほど簡単なことではないということになるのですね。

コメント

　新型コロナウイルス危機後で中小企業の経営形態は大きく変わるものと思われます。

　「３密防止対策」「テレワーク化」で、工場や本社オフィスのリフォームや仕入れ業務、また勤務形態の変更、IT機器やネットワークの設備の導入、さらには、業種転換や業態変更に伴う関連機器の購入や研修費用の資金ニーズなどは多々あります。

　かつての仕入金額や賞与金額の変更もありますが、従来にはなかった新たな設備資金ニーズの増加があるかもしれません。特許や商標、ノウハウやスキルなどの無形資産また研究開発費も、設備投資と同様に扱うことになってきました。また、国の補助金・助成金や給付金による資金調達や、働き方改革、自宅でのテレワークの業務も、大きな資金調達の要因になります。

　この機会に、それぞれの借入れの成因やメリット・デメリットを再考して、融資体系の変更を行うことも大切であると思います。たとえば、仕入資金と賞与資金また設備資金のそれぞれに融資を、長期運転資金融資に吸収して、極力返済負担の少ない毎月返済に変更することも一策かもしれません。新型コロナウイルス危機後には、想定外の手元資金の枯渇があるかもしれませんから、何とかして、手元現預金を積み増しておくことが企業防衛になるとも思われます。

4）返済猶予期間の延長後に従来の毎月返済を半分の金額まで減額する交渉（民間金融機関と公的金融機関の並列取引の場合）

　新型コロナウイルス危機後の売上の急減により、日本政策金融公庫から、経営環境変化対応資金融資「4,800万円、3年据置き付き融資期間8年」（下表参照）を借りることになりました。この借入れで、当社はどうにか当面の資金繰りは助かりましたが、既存の借入れの毎月返済に、この借入れ4,800万円の毎月返済80万円（年間960万円）が4年後から上乗せされることになりました。この経営環境変化対応資金融資の返済が重なると、既存借入れの毎月返済が続けられなくなる可能性が高くなりますので、既存行の借入れの毎月返済金額を半分に減額することをお願いすることになりました。

　すなわち、既存借入れを、日本政策金融公庫と同様に、3年間返済猶予をしてもらい、その後の毎月返済金額を半分に減額するという条件変更を、既存の金融機関に依頼することになったということです。

融資制度	ご利用いただける方	融資限度額	融資期間（うち据置期間）
経営環境変化対応資金	売上が減少するなど業況が悪化している方	4,800万円	設備資金：15年以内（3年以内）運転資金：8年以内（3年以内）

Q&A ❾

経営者：新型コロナウイルス危機後の不況で売上が落ち込んでしまい、急遽、日本政策金融公庫から経営環境変化対応資金融資4,800万円、8年間（3年据置き）の借入れを受けることになりました。もともと、御行から、借入れをしていますので、私どもが返済できる毎月返済分を日本政策金融公庫さんに依頼するのが筋だと思いましたが、政策公庫さんの融資は、返済条件が固まっていますので、取りあえず、融資の実行をお願いし、当座の資金繰りの窮

境を切り抜けて、４年後の返済変更については、後日、御行に依頼しようと思いました。御行には、誠に申し訳ないと思っていますが、私どもの資金繰りに合わせて、日本政策金融公庫さんのお借入れと同様に、３年間の返済猶予後に、毎月返済金額の半分を返済するようにお願いできませんでしょうか。

銀行：事情はよく分かりますが、本来は、メイン銀行に相談した後に、日本政策金融公庫さんに融資の申込みに行かれるのが、筋だと思いますが。

経営者：あの時は、当社も資金繰りが切迫し、時間的な制約もありましたので、どうしても、日本政策金融公庫の経営環境変化対応資金融資という制度融資に頼らざるを得ませんでした。本当に申し訳ございません。

銀行：とにかく、公庫さんからセーフティネット貸付が出て、まずは良かったと思います。

　確かに、今回の新型コロナウイルス危機後の対策は、日本政策金融公庫さんが最も早く、私どもでは、今回はあのように素早い対応ができない可能性はありましたね。私個人としては、御社の長期的な返済計画にご協力をする方向で、検討したいと思いますが、社内のルールでは、本部に稟議を上げて承認が必要になりますので、支店の上司と相談して、今後の対応を後日ご連絡いたします。

経営者：ありがとうございます。よろしくお願いします。そこで、ご厚意に甘えるようで大変申し訳ないと思いながら、さらに、私どもの３年返済猶予や毎月返済金額の半減などもお願いしたいのですが。勝手なご依頼ばかりで、心苦しく思っています。

銀行：分かりました。では、その条件変更について、もう少し詳しいお話を聞かせてください。

経営者：実は、弊社の作成した資金繰り予定表では、御行の据置期
　　　　間は、日本政策金融公庫の経営環境変化対応資金融資と同様に、3
　　　　年間をお願いし、毎月の元本返済は、従来の半分の金額でお願い
　　　　したいのです。と言いますのは、やはり4年後以降につきまして
　　　　は、今までの金額以上の返済は難しいという結論になってしまっ
　　　　たのです。また、金利についても、公庫さんとの金利差が大きい
　　　　ものですから、もう少し下げていただければ有難いと思いました。
　　　　緊急事態ということで、何とか、ご支援をお願いできれば、有難
　　　　いのですが。

銀　行：ということは、毎月の返済が半分になると、返済期間は2倍
　　　　以上に延びるということになってしまいますね。その上に、金利
　　　　の引下げのご要請もあるのですね。

経営者：それは、私どもとしては、大きな条件緩和の依頼というこ
　　　　とになりますが、ここは何とか新型コロナウイルス危機のご支援
　　　　ということで、お願いいたします。本部のご承認を取るには、将
　　　　来に向かって、売上が好転するとか、費用が大きく削減できるよ
　　　　うな材料が必要でしょうか。御行は、私どものメイン銀行ですか
　　　　ら、長いお付き合いを望んでいますし、お互いメリットを分かち
　　　　合えるようにしたいと思っているのです。今回は、新型コロナウ
　　　　イルス危機で、ご相談する前に、政策公庫さんに走ってしまいま
　　　　したが、今後については、よくご相談しながら動いていきたいと
　　　　思っています。

銀　行：そうですね。今後については、情報交換をよろしくお願いし
　　　　ます。さて、返済猶予を3年間するということは、資本支援、資
　　　　本性融資ということになりますから、御社が財務内容や損益動向、
　　　　収支状況が健全であること、また、地域貢献企業であって、地元
　　　　の雇用維持に努力され、当行とも良き連携を組んでいること、企

業理念やSDGsの考え方、また企業の内部管理体制という点も重要な条件変更の判断材料になるのです。もちろん、業績好転の材料があれば、有難いのですが……。

経営者：その好材料については、新商品の研究・開発の案件があり、これについては既に特許申請は済んでいます。この新商品の販路が見つかれば、将来の売上回復の見込みが立つと思います。実際に、収益に貢献するには、もう少し時間がかかると思いますが、既に、RESAS（地域経済分析システム）の企業活動マップ項目で、「研究開発・（各地域の）特許一覧」と検索していただくと、われわれの特許の明細が出ています。

銀行：そうですね。最近では、インターネットで地域情報が出ていますので、われわれ金融機関担当者も情報収集に努めなければ、遅れてしまいますね。御社のその特許については、本部に連絡をして、当行としても、商売斡旋ができないか動いてみますね。

経営者：ありがとうございます。ぜひお願いします。近々、この特許についての資料をお持ちしますし、当社の財務内容・損益動向・収支状況の報告書や、当社のホームページのコピーや地域貢献活動の内容、また、SDGsの具体的な活動の内容もお知らせしたいと思います。

銀行：SDGsについては、当行でも、積極的に取り組むことになっていますので、その具体的な活動のご報告書があれば有難いですね。では、次回は、今後の「資金繰り予定表」と「経営改善計画」に加えて、今、お話された資料をご用意して、ご来店いただけませんか。

経営者：了解しました。1週間後に、ご連絡をしてから、資料を揃えて訪問することにします。

（後日、当社の経営者は「資金繰り予定表」と「経営改善計画」と、種々の資料を作成して、再度、支店を訪問しました。）

経営者：先日、ご依頼された「資金繰り予定表」と「経営改善計画」といろいろな説明資料を作って参りました。

銀行：確かに、これらの書類に出ている手持ちの現預金の予想や将来の収益見込みなどを見ますと、御社の言う通りの返済額で、うまく回っていくようですね。

経営者：ただ、売上については、まだ固まっていない部分もありますので、今後、皆で努力していきます。当社のホームページのコピーにつきましては、地域貢献やSDGsの具体的な活動、また内部統制の内容も述べていますが、そのコピーに加えて、補足資料もいくつか追加しておきました。そして、研究・開発している新商品の詳しい説明資料も用意しました。御行がこの商品について、ビジネス支援をしていただけることになるならば、さらに商品パンフレットもお持ちしたいと思っています。

銀行：資料はよく揃えてくださったと思いますが、政策公庫さんに提出された資料とは、整合性があって矛盾することはありませんね。

経営者：資料は、最新のデータをベースに作成しています。政策公庫さんへの提出資料とは矛盾することはありません。

銀行：さて、「資金繰り予定表」と「経営改善計画」を見ますと、手元現金はかなりゆとりがあるように見えますが、３年間の据置きを短くすることや、返済の減額はもう少し抑えることができるのではないですか。

経営者：そうですね。今までの「資金繰り予定表」と「経営改善計画」の場合は、手元現預金はぎりぎりまで絞った資金繰りの予測

や計画を作っていましたが、この新型コロナウイルス危機後については、将来の売上予想に変動要因が多い上に、「３密防止」「テレワーク化」に向けたリフォームコストや人件費の未定部分で支出がかなり上振れることも予想されますので、現預金が多めに見えるかもしれませんが、当社としては、どうしてもこの程度の手元現預金は必要であると思っています。

銀行：その点は、理解できますが、他の資料などを見せてもらいながら、総合的に判断していきたいと思います。また、金利については、御社の当行における与信リスクが高まっているわけですから、今回の条件変更時に、直ちに引き下げるというわけには行かないかもしれません。できれば、これらの条件緩和の稟議の承認を取ってから、少し取引実績を見せてもらった後に、その次の稟議で申請をしたいと思いますが、いかがでしょうか。

経営者：おっしゃることは、分かりました。では、金利の引下げの要請については、この条件変更の承認が取れたのちに、改めてお願いすることにしたいと思います。

銀行：早速、御社の資料を読ませていただきますので、メールやお電話で質問などをさせていただきたいと思います。また、上司がご面談をお願いすることもあるかもしれませんが、その折もよろしくお願いします。

コメント

①公的金融機関と民間金融機関の活用法

新型コロナウイルス危機においては、多くの中小企業が、急激な売上低下となり、リーマンショックを上回る手持ち資金の低下に見舞われました。この窮境に対して、日本政策金融公庫や信用保証協会が、セーフティネット貸出やセーフティネット保証を活用して、中小企業の救済支

援を行いました。本件の企業も、直ちに日本政策金融公庫にセーフティ
ネット融資の申込みを行い、4,800万円の融資を受けることになり、この
窮境を乗り越えることができました。その後、当社は、メイン銀行を訪
問し、返済猶予と猶予後の返済金額の減額の申込みをしました。

　従来ならば、メイン銀行に相談した後に、そのメイン銀行の指示の下、
メイン銀行経由、日本政策金融公庫や信用保証協会に支援の依頼を行い
ますが、今回は、中小企業自身で、直接、日本政策金融公庫に経営環境
変化対応資金融資を申請しました。しかも、自社の今後の資金繰りに合
わせて、メイン銀行の融資条件の緩和・変更をお願いするということに
なり、順番が逆になっています。しかし、このメイン銀行は、当社の一
見、無理筋のこの条件変更の申請を受け入れることになると思います。

　と言いますのは、公的金融機関と民間金融機関の役割分担が自然に出
来上がっているようになったからと思われます。保証協会を含む公的金
融機関の融資は、融資の金額・融資期間・資金使途が明確になっており、
その情報は一般に開示され、中小企業としては、機械的・画一的に融資
を申し込むことができ、その融資実行の可否の予想がつくことになって
います。

　一方、メインの民間金融機関の場合は、融資の実行に対して、その企
業全体の財務内容や損益・収支などを全体・将来・実質的に検討して、事
業審査や企業審査では細目の吟味を行っています。また、融資担当者自
身が稟議書を作成し、支店では少なくとも上司2人（課長・支店長など）
と本部では3人（審査役・次長・部長など）のチェックを重ねることに
なっています。

　したがって、今回のような、経済恐慌を上回るような緊急情勢下の融
資案件の場合は、公的金融機関の融資方式しか、タイムリーで的確な対
応はできなかったものと思われます。しかも、公的金融機関の場合は、
社会政策的な融資を取り扱い、融資目線はかなり低くなりますが、民間

金融機関については、やはり、成長政策的な融資以外の融資は、なかなか取り扱うことができにくくなっています。

　このような暗黙裡の役割分担は、中小企業や融資担当者は、明言はできないものの、リーマンショックや東日本大震災の経済不況を経験しているので、理解しているようです。したがって、今回のように、政策公庫のセーフティネット貸付と同条件の融資条件を民間金融機関も適用することに対して、金融機関内部では、それほど大きな反対はないと思いますし、反対をして、その政策公庫と同条件の融資を独自に実行して肩代わることもできません。

　また、政策公庫や保証協会の場合は、ともにその担当者は、融資商品の担当者であって、メイン行にはなれませんので、民間のメインの金融機関は、このような公的金融機関に対しては柔軟な対応を取ると思います。したがって、当社の返済猶予や毎月の返済金額の減額の要請は承認され、後日、メイン銀行のサービスや協力が実施されるものと思われます。

②返済猶予と長期運転資金融資の審査

　この金融機関の融資については、既存借入れを合算して１本の融資にし、その融資条件は、日本政策金融公庫と同様に、「３年間の返済猶予とその後の毎月返済金額を半分に減額する」という条件の融資に変更することを検討するということです。

　そこで、この金融機関は、３年間の返済猶予については、３年間の資本投入・資本支援・資本性融資の許容が可能か否かを審査することになります。また、４年目から返済猶予の融資を長期運転資金融資として、毎月80万円で５年間返済し、９年目から残額を毎月160万円で返済するということを合わせ審査することです。

③３年間の返済猶予の審査

　金融機関としては、今後３年間は利息のみ支払ってもらうものの、その間は、融資先からの業況報告がない限り、業況の動きを把握することができません。そのため、融資を実行する前に、企業の財務情報や経営理念・方針また地域貢献、さらにはSDGsの考え方などから、企業としての経営姿勢をチェックしています。その後については、３か月・６か月・１年などの期間を置いて、モニタリング管理を行い、その間の業績・経営内容などの中間報告を受けることになっているとも言われています。

　この場合は、目下、最も重要な新型コロナウイルス危機対策として、将来性のある中小企業の当社の窮境を支えることにもなり、既に日本政策金融公庫に経営環境変化対応資金融資の審査もクリアしいることから、一般的なメイン銀行ならば、融資の承認をすると思います。同時に、公的機関である日本政策金融公庫とともに、融資後のモニタリング管理を行うことでもあり、金融機関としては、支援方針の下、当社の希望する返済猶予の条件変更は承認されるものと思われます。

　もしも、このメイン銀行が、この企業と日本政策金融公庫が決めた「３年間の返済猶予」に協力しない場合は、当社の資金繰りに支障を来たす可能性があり、そんなことはメイン銀行としてはできません。また、民間金融機関として、融資後のモニタリング管理を怠ることもできません。そこで、このメイン銀行は、新型コロナウイルス危機下、当社の要請を承諾して、日本政策金融公庫とともに当社を支援することになると思われます。

④３年間返済猶予後の毎月返済金額の半分減額化

　これから４年目以降、３年間返済猶予金額に対する毎月返済金額の半分減額化については、一般的には以下のような審査を行います。

　具体的には、「４年目以降10年間にわたって、毎月80万円（年間960

万円）の返済を続けその期日には一括返済を行う」というものです。この審査プロセスでは、「13年間の経営改善計画を作成し、各年のキャッシュフロー（≒当期利益＋減価償却費などの非支出コスト）が、毎年の返済金額以上であることを確認します。特に、4年目から8年目までの間は、キャッシュフローが毎年1,920万円（＝160万円×12か月）を超えることができるかを確認します。また、4年目から13年目までは、この企業の財務資料などで、企業が健全に存続できることを、チェックします。この融資は毎月約定返済することになっていますから、この約定返済が滞ることのないように確認することと、その企業からのモニタリング管理の報告も励行してもらいます。日本政策金融公庫に対する経営環境変化対応資金融資の返済状況も、当行には必ず報告してもらうことを、融資の条件にするのも一策です。

本件の融資については、一般的な返済猶予期間の延長（変更）の条件変更と異なっています。

返済猶予の3年間と、長期運転資金融資の期日延長および毎月返済金額の半減については、当行としては、与信リスクの増加となっています。一方、日本政策金融公庫の経営環境変化対応資金融資によって、当社は手元現預金の増加となり、現預金減少の窮境を防ぎ、当社の強みにもなっています。このような状況になったこのメイン銀行は、よほどのことがない限り、当社を日本政策金融公庫とともに支援します。

しかし、日本政策金融公庫の救済融資を受けることであろうとも、当社とメイン銀行と日本政策金融公庫の円滑な情報交換は大切です。実際は、相互に連絡していたようですが、この新型コロナウイルス危機の緊急事態の時は、当社としては、この措置はやむを得ないことであったかもしれません。平常時では、相互の情報交換は必須であり、注意する必要があります。

第**7**章 新型コロナウイルス危機後の一行取引金融機関との企業再生交渉

　新型コロナウイルス危機で、急激な売上の落ち込みとなって、資金繰りが枯渇し、毎月返済の見通しが全く立たなくなったケースを想定します。このような時の再生の常套手段は、金融機関に対して、すべての借入れを1本の借入れにまとめてもらい（旧債借換え）、返済手法を再検討することです。そして、この返済は、「時間ギャップ充当借入れ（キャッシュイン借入れ）・資産売却目的借入れ（売却借入れ）・資本性借入れ（根雪借入れ）」の3つの借入れに分け、それぞれの返済手法とすることが一般的です。すなわち、金融機関としては、取引先企業を自助努力によって自律回復をしてもらうために、すべての融資の元本の返済を後ろ倒しにする一方、財務内容を見直し経営改善計画でキャッシュフローを捻出してもらい、その融資残高を徐々に返済し、最低限の利息だけは払ってもらうことを狙っているのです。窮境に至った企業と金融機関は長期的な関係が続きますから、SDGs・ローカルベンチマーク・地域貢献の視点で協働を図ろうとするのです。

　そのために、この旧債借換え・3分法による返済手法を利用する場合は、債務者区分を「貸出条件緩和先」とみなされてランクダウンさせられ、以後、新規の借入れができなくなることがないように、注意しなければなりません。今後、新規借入れで借増しニーズがあるか否かを、前もって見極めて、前述の方法を活用して、要注意先以上に格付け（債務者区分）を留めておくことにも、注意を払う必要もあります。

ここでは、この借入れ一本化（旧債借換え）の返済手法を詳しく説明するために、メイン銀行・一行取引金融機関として、2つのケースを見ていくことにします。

　〈Q&A10〉は、キャッシュイン借入れと根雪借入れ（資本性融資）にて返済方法を変更する場合であり、〈Q&A11〉は、売却借入れと根雪借入れ（資本性融資）にて返済方法を変える場合です。

1 ｜ キャッシュイン借入れ（短期継続融資）と根雪借入れによる返済交渉

　以下のケースで、借入れ一本化（旧債借換え）を通して、キャッシュイン借入れと根雪借入れの返済方法を見ていきます。

借入金額	毎月返済額	資金使途	返済期間	金利	担保
1,000 万円	200 万円	賞与資金	5 か月	1.5%	信用
2,000 万円	500 万円	仕入資金	4 か月	2 %	信用
3,000 万円	50 万円	設備資金	5 年	3 %	不動産
4,000 万円	40 万円	長期運転資金	8 年 4 か月	3.5%	信用
計 1 億円	790 万円				

Q&A ⑩

経営者：新型コロナウイルス危機で、売上が落ち込み手元現預金がなくなってしまい、今後の返済の見通しが全く立たなくなってしまいました。本来ならば、賞与資金や仕入資金のような短期間の借入れは、キャッシュフローが明らかであり、返済の心配はないのですが、その返済財源すら枯渇してしまいました。

銀行：新型コロナウイルス危機後の資金繰り予定表はありますか。また、経営改善計画もあれば有難いのですが……。

経営者：私どもも、こんな急速に業況が悪化するとは思いませんでしたから、直ちに対策を講じ、資金繰り予定表を作成しましたが、今ではその見込みを上回る売上の落ち込みになっています。対策

をいろいろ考えましたが、まずは、御行の担保に入っている社長
の自宅を売却し、近々、その代金が入金されますので、3,000万円
は返済したいと思っています。その後の資金繰り予定表と経営改
善計画は、お届けしたいと思います。

銀行：そこまで、既にご手配をいただいたのですか。確かに、御社
は業績で苦戦されていましたが、思い切ったご決断ですね。

経営者：社長も、今が自宅の売り時と考えたようです。

（1か月後に、社長と担当者が不動産の買手とともに金融機関の支店に
来店し、3,000万円の設備資金の借入れの返済と不動産担保の抹消手続き
をしました。その後、買い手が帰った後に、今後の資金繰り予定表と経
営改善計画の説明を融資担当者にしました。）

銀行：思い切ったご決断でしたね。これで、お借入れも3,000万円減
少し、決算書の財務内容もかなり改善されましたね。格付け（債
務者区分）も要注意先にランクアップできると思います。私ども
も、このランクアップで、新規貸出など、いろいろとご支援がで
きると思います。

経営者：確か、銀行の新規借入れ時の審査は、事業のキャッシュフ
ローを中心にする事業審査、その次に、過去の決算書を参考にし
た財務分析（定量分析）と企業の強みなどを評価する定性分析の
企業審査、そして担保・保証のチェックという3つの工程がある
と聞きました。私どもの会社は、この企業審査では、もう、足を
引っ張られることはありませんよね（96ページ参照）。

銀行：その通りです。まだ精査していませんが、そのような多額の
ご返済をしていただいたのですから、財務リストラが進んで、格
付けもランクアップされるものと思います。御社は、新型コロナ

ウイルス危機後、オンライン取引・テレワークなどを進めて、取引先とはウェブ注文制度を導入し、売上のアップが進んでいるとのこと、引き続き頑張ってください。私どもも、ビジネスマッチング（取引先の紹介）などでご協力したいと思いますし、本部に依頼して、専門家による経営相談や経営指導もさせていただきたいと思っています。

経営者：それは、ありがとうございます。では、社長自宅売却の代金による返済後の残高7,000万円に対する当社の返済計画をお聞きいただけますでしょうか。

銀行：分かりました。今、上司を呼んで参りますから、一緒に聞かせてください。

（支店の上司が合流し、2人で当社の話を聞くことになりました。）

経営者：私どもの会社で、今後の経営改善計画を作成してみますと、営業キャッシュフロー（≒当期利益＋減価償却費）が10年の平均で、毎年700万円になります。そこで、御社の借入れ5,000万円を毎年700万円・約7年間で返済したいと思います。残りの2,000万円については、賞与資金は6か月、仕入資金は約3か月で、お借りしたいのですが……？　すなわち、キャッシュインは、必ずありますので、返済はいつでもできます。今までの実績や、資金繰り予定表でも、このことは明らかであると思います。すなわち、時間ギャップ充当借入れとして、いつも2,000万円を経常的に回転資金（キャッシュイン借入れ、短期継続融資）として、お借入れし続けることはできませんでしょうか。

借入金額	借入れ形式	具体的内容
2,000万円	キャッシュイン借入れ （回転資金） （短期継続融資）	賞与資金と仕入資金は、合算3,000万円から2,000万円に減額し、返済後に再度借入れを受ける等、短期間のキャッシュイン借入れ（回転資金）に変更することを申し入れた。残額の2,000万円は、賞与資金と仕入資金のキャッシュインで返済することが可能であり、経常的に返済なしの借入れとして支援してもらうことを提案した。
5,000万円	資本性借入れ （根雪資金）	営業キャッシュフロー（＝当期利益＋減価償却費）で、毎年700万円、約7年間で返済したいと、当社は提案した。経営改善計画の債務償還年数や担保状況などで当社はこれが妥当と考えた。
計7,000万円		

銀行（上司）：分かりました。早速、本部に稟議を上げて検討に入ることにしましょう。ただし、営業キャッシュフローで返済する予定の資本性借入金は、約7年間の長期融資になりますから、御社の経営理念やSDGs、地域貢献などについて、その方針や関連の資料をいただきたいと思います。

経営者：ありがとうございます。私どもも、新型コロナウイルス危機で、資金繰りが苦しくなり、もう一度、企業としての役割を見直しましたので、そのような資料の提出は負担にはなりません。御行の本部への稟議書作成において、必要な情報などがありましたら、おっしゃってください。直ちにお届けに参ります。

経営者：新型コロナウイルス危機で売上は大きく落ち込み、毎月返済の見通しが全く立たなくなってしまいました。本来ならば、社長の自宅を売却し、その代金で3,000万円を返済したいのですが、最近の不動産相場の冷え込みでなかなかその買い手が見つかりません。そこで、社長と家族の定期預金や株式を早急に解約・売却して、2,000万円を返済したいと思います。その後の資金繰り予定表と経営改善計画はここにお持ちしました。

銀行：つまり、賞与資金1,000万円と仕入資金2,000万円の合計3,000万円の短期借入れのうち、取りあえず、2,000万円を返済したいというご要望ですか。

借入金額	借入れ形式	具体的内容
3,000万円	売却目的借入れ （資産売却後返済資金）	財務リストラとして、社長の自宅を売却し、その代金でこの3,000万円を返済したいと思っているが、現在は不動産相場の冷え込みで買い手が見つからない。ただし、返済期限は決めない方が、その自宅は高めに売却できる可能性がある。
5,000万円	資本性借入れ （根雪資金）	銀行は、経営改善計画でその借入れの毎月返済金額や返済期間を検討したが、当面、その返済財源が見つからない。当社の新商品の収益貢献の可能性や地域貢献度から、資本性融資として支援することを銀行は検討することになった。
計8,000万円		

経営者：そうです。そして、社長の自宅を売却して、3,000万円を返済したいのですが……。私どもの会社では、今後の経営改善計画を作成してみますと、営業キャッシュフロー（≒当期利益＋減価

償却費）が10年の平均で、毎年700万円になります。そこで、御
行の借入れ5,000万円を毎年700万円、約7年間で返済したいと思
います。早くお返ししたいのですが、なかなか、その資金が捻出
できません。何とか、社長の自宅の売却まで、この3,000万円の借
入れで待ってもらえませんか。したがって、お借入れの合計は
8,000万円になります。

銀行：そうですね。では、お話された経営改善計画と資金繰り予定
　　表を見せてください（経営改善計画をざっと見てから）。しかし、
　　この経営改善計画の来期以降の売上予想は少し強気すぎませんか。

経営者：そうですが、目下、私どもは、ずっと研究・開発していた
　　新商品が完成に近づいているのです。この商品の販路が見つかれ
　　ば、将来の売上は回復が見込めます。来期以降の売上予想は、や
　　や強気に見えるかもしれませんが、実際、社内の営業担当者3名
　　にも図ったところ、それぞれの販売予測を合算すれば、計画の売
　　上は可能ということになります。

銀行：確かに、その新商品の内容や強みは従来から教えていただい
　　ていましたので、漠然とは分かります。とはいっても、当行とし
　　て、この商品が、この新型コロナウイルス危機後に、順調に販売
　　できるか、やはり、その確信は持てません。そこで、この将来の
　　売上が十分回復する経営計画を認めるわけにはいきません。御社
　　と私どもは、長いお取引を続けていますので、御社の今までの誠
　　実な経営は良く分かっているつもりです。社長の経営方針も皆に
　　浸透していますし、社長の地元での社会貢献活動にも頭が下がり
　　ます。従業員の方々はほとんど地元の若者であり、仕入先・販売
　　先も業歴のある立派な企業です。

　　私ども金融機関も御社との連携で、地域の活性化に努めたいと
　　思っています。私どもが最近重視しているSDGsの考え方や、ロ

ーカルベンチマークの非財務情報の着目点も評価できると思います。御社が毎年700万円、約7年間で返済したいとおっしゃっていた借入れ5,000万円を、資本性借入れ（資本性融資）に変更し、毎月利息は支払っていただきますが、返済なしの融資で様子を見ることにしませんか。もちろん、この資本性融資は、本部の承認が必要ですから、このことが最終結論ではありませんが、私どもの支店としては、ぜひその方向で検討したいと思っています。

経営者：それは大変有難いお話ですが、具体的には、返済なしの融資など、できるのですか。

銀行：実は、この資本性融資とは、銀行サイドの扱いは、御社への、実質、出資金です。資本金は、最後まで返済しない資金調達手段であって、また業績が振るわないときには配当率（貸出金利と同様に考えられるもの）は低くするものです。一方、御社にとっては、この資本性融資は銀行の借入れのままですが、当面、毎月の分割返済はしなくてもよいことになっています。貸出金利も低く、資金的な負担は軽くなっています。ただし、業績がよくなれば、その金利は上がりますし、両者の話合いで毎月返済も始められるものです。

経営者：ということは、わが社にとっては、大変有難いことですね。確かに、新型コロナウイルス危機は、今まで経験したことのない出来事であり、正直、私どもも売上が必ず回復できるということも、不安でした。私どもからも、その資本性融資5,000万円をお願いいたしたいと思います。そして、この返済は1〜2年後からは、再度、始めたいと思います。

銀行：ということは、この5,000万円の融資は、据置期間2年の後に、毎年700万円、約7年間返済の融資であるとも言えますね。今までの5,000万円の借入れをこの資本性融資に変更できれば、御社

は、当面資金繰りを考えずに、営業活動に注力し、従業員の皆さんもリストラの心配をしないで、仕事に邁進することができるということになりますね。その間、社長のご自宅の売却は強力に進めていただき、その売却代金で、3,000万円の売却借入れは返済していただかなければなりませんね。もしかしたら、本部との交渉で、われわれは苦戦するかもしれませんので、その時は、据置期間が1年から1年半程度まで、短縮となってもよろしいですか。

経営者：それは当然です。私どもは、返済なしの融資など、全く考えておりませんでしたし、その期間が1年であっても、それは大変有難く思っています。では、5,000万円の借入れについては、資本性借入れに変更するように、ぜひ、力を貸してください。感謝いたします。

銀行：ただし、この資本性借入金は、実質的には、当行による御社への出資に相当するものですから、従来の融資の情報に加えて、御社の経営理念やSDGs、地域貢献などについて、再度、情報提供やその関連資料をいただきたいと思います。ご協力をお願いいたします。

経営者：それは当然だと思います。御本部との交渉で、必要なものがありましら、直ちに作成してご提出したいと思っています。

コメント

　新型コロナウイルス危機で、業績が急落し、収支も底を突いている企業がかなり増加しています。ということで、借入れをしている金融機関に、返済猶予を申請する中小企業も多くなっています。その時に、中小企業として最も恐れることは、金融機関から、「この企業は事業改善や再生の見込みがない」と結論を出されることです。一方、金融機関自身も取引先企業に対して、「事業改善や再生の見込みがない」と言い切ること

165

は、行内でもなかなかコンセンサスを得られるものではありません。長い取引歴のある取引先を失うことは、金融機関にとっても大きな痛手ですし、何とか協働して再生してもらいたいと思っているはずです。

そこで、金融機関としては、2009年施行の金融円滑化法第4条に記載された「①条件変更、②旧債借換え（借入れ体系の変更）、③債務の株式化」の再生手法を参考にして、企業と協力して一緒に考えてくれると思います。金融機関として、この①～③の手法を使える企業の前提としては、借入期間が長くなったとしても収益償還ができる企業であることを確信することですから、金融機関自身が支えて、見捨てることはできないということです。

このことを数値で表すと、「償却前営業利益（≒当期利益＋減価償却費）の10年分が総借入れ金額の5％以上」ならば、その企業は、リスケ（リスケジュール）のほかに、以下のような回収手法を講じれば、再生の可能性があるということを表しています。

回収率	回収手法
80％回収	利息の元本一部返済猶予
60％回収	DES（デット・エクイティ・スワップ）・DDS（デット・デット・スワップ）の手法
40％回収	債権放棄
20％回収	民事再生
5％回収	破産

$$回収率（\%）＝\frac{償却前営業利益×10}{総借入金額}×100$$

また、言い方を変えれば、回収率とは逆に、総借入金額を償却前営業利益で除して、200年以下ならば、その企業は再生できるということです。ちなみに、債権放棄・民事再生・破産であろうとも企業の再生手法で倒産・清算・廃業ではありません。とにかく、経営改善計画において、

●債務償還年数の金融機関の具体的再生支援策

12～13年くらい	利息の元本一部返済
16～17年くらい	DES（債務の株式化）・DDS（債務の資本的貸出化）
25年くらい	債権放棄
50年くらい	民事再生
200年くらい	破産

その当期利益（≒償却前営業利益）の黒字化が図れることがポイントになるのです。

　そして、この数値の算出には、経営改善計画から償却前営業利益を算出する必要があり、総借入金額との比率によって、回収率や債務償還年数を割り出して、再生手法を選択し適用することになっています。とは言っても、この経営改善計画を策定することは、それなりに難しいところがありますが、この数値こそ、企業と金融機関が連携して企業再生を行う時の、最もポピュラーな指標と見られています。

　金融機関として、企業の再生の一つの目安は、ほぼ数年後に黒字になり、10年間の累計では相当の黒字が見込める企業が、再生できる企業ということになります。

　回収率や債務償還年数による、前述の再生手法リストが採用できることになるならば、企業再生が可能になるということです。前述の〈Q&A10〉〈Q&A11〉の企業については、数年後には黒字化が見込まれており、十分再生ができる企業ということになります。

　しかも、この回収率算出の分母であり、債務償還年数算出の分子である借入れは、「総借入残高」から「キャッシュイン借入れ」や「売却借入れ」を控除した残額を「資本性融資」とみなすことができます。控除後の「資本性融資」に関わる債務償還年数は、それだけ少なめに算出されますし、回収率は多めになり、いずれも中小企業には有利な指標となり

ます。一般に、中小企業自身が、自ら考えている再生可能企業よりは、金融機関が再生支援を本腰で行う基準の方がその範囲が広がります。再生の目線が低い企業まで、再生支援を受けやすくなっていると言えます。

　一般的には、企業再生はかなりハードルが高いように思われていますが、ここで見てきたように、企業自身が将来黒字化を図ることができれば、かなりの企業の再生を支援することができます。金融機関として、毎月の返済を猶予したり、融資期間の延長や返済金額の軽減化などのリスケを行ったり、また、利息の元本組入れなどで、金融機関が取引先企業の再生力を見守ることで、かなりの企業の自力再生を支援することができます。すなわち、経営改善計画で、その作成期間において当期利益が黒字化することができれば、金融機関からほぼ再生・支援を受けられるということになります。

　とは言うものの、中小企業の経営者や幹部が、経営理念やSDGs、ローカルベンチマークの4つの着目点や地域貢献意欲があることが、前提条件になっていることも重要です。

第 8 章

複数金融機関における
円滑支援調整の交渉術

　新型コロナウイルス危機で業績が急落した企業にとって、複数の金融機関との交渉ほど、気を遣うことはありません。また、3密防止の観点からも、その交渉は感情的になりやすく、注意が必要です。

　金融機関としては、取引先が複数の金融機関から借入れをしている場合、その取引銀行の一つが融資の返済を求めてきたならば、その融資を他の金融機関が引き受けることになるかもしれません。企業の業績悪化時こそ、複数の金融機関は協調して支援を続けるべきですが、融資のメイン寄せとか、他行シフトなどと言って、自行庫の融資を減額し、他行に肩代わらせることがあります。このようなことがあれば、支援行における業績悪化企業の融資比率が高まり、その融資担当者は本部審査部などから、与信管理の甘さを糾弾されることがあります。一方、融資比率を引き下げた金融機関の融資担当者は、リスクを軽減化したということで、本部から褒められるということもあります。

　したがって、支店の融資担当者は、この低位格付け企業の融資の比率が高まることを恐れて、神経質になり、そのことは取引先企業にも伝わって、企業の経営者や財務担当者は金融機関との融資交渉にピリピリすることになるのです。すべての金融機関が協力して、企業再生に注力することが、その企業のためにも地域のためにも役立つことですが、現実問題としては、なかなか足並みを揃えることは難しいと言えます。

　取引先に接する融資担当者としては、格付けが下がった先こそ、協融各行が皆で支援することが大切であることを感じていながらも、金融機関は大きな組織であり、そのメンバーは上司の自分への評価で、処遇や

給料・ボーナスが決まることになっていますから、上司の顔を立ててか、この低位格付けの企業への融資圧縮に動くことが多々あるようです。特に、複数行取引の場合、撤退方針を早期に出すことで、他の金融機関が自行庫の融資の肩代わりを行ってくれる可能性もあります。

　まさに、「合成の誤謬」が発生するということになります。

1　業績急落した企業に対する複数金融機関の対応

金融機関名	借入金額	毎月返済額	資金使途	返済期間	金利	担保
A 銀行	10 百万円	200 万円	賞与資金	5 か月	1.5%	信用
B 信用金庫	20 百万円	500 万円	仕入資金	4 か月	2 %	信用
C 信用金庫	30 百万円	50 万円	設備資金	5 年	3 %	保証協会
D 銀行	40 百万円	40 万円	長期運転資金	8 年4 か月	3.5%	抵当権
計	100 百万円	790 万円				

　当社は、AからDの金融機関ごとに返済猶予の返済計画を打診しましたが、結局、各金融機関で合意が得られませんでした。そこで、メインD銀行と当社で相談して改めて返済計画を作成することにし、再度、各金融機関に協力を求めることになりました。例外なくすべての金融機関に協力してもらうために、各金融機関同士の疑心暗鬼を解消するためにも、バンクミーティングを開くことになりました。そこで、当社から、取引金融機関全行に声をかけて、当社の本社でバンクミーティングを開催することにしました。全行の融資担当者が集まり、そのバンクミーティングの進行は、当社の社長が行うことになりました。

借入金額	借入れ形式	具体的内容
2,000 万円	キャッシュイン借入れ（回転資金、時間ギャップ充当借入れ）	賞与資金と仕入資金は、合算 30 百万円から 20 百万円に減額し、返済後に再度貸出を行うことから、短期間の回転資金ということで、短期継続融資の形態にする。……A 銀行と B 信用金庫で処理

3,000万円	売却借入れ（資産売却返済資金）	財務リストラや返済猶予には、自社の目に見える努力も必要であり、モラルハザード防止から、不要不急資産の売却で、その代金によって返済する借入れを決めておく（ただし、その返済期限は売却時期不明につき決められない）。……C信用金庫・D銀行で処理
5,000万円	資本性借入れ（根雪資金）	しばらくの間の据置期間を置いて、経営改善計画の債務償還年数や担保状況（信用状況）などでその貸出の毎月返済金額や返済期間を決定する。……C信用金庫・D銀行で処理
計1億円		

Q&A ⓬

【バンクミーティングのやりとり】

経営者：本日はお忙しいところを、皆様には、ご参集していただき、どうもありがとうございました。当社は、新型コロナウイルス危機で、急激な売上の落ち込みとなり、毎月の返済の見通しが全く立たなくなってしまいました。そこで、合理的な返済を各金融機関で協力していただきたいと思います。それには、すべての融資を一本化して、当社の企業体力で、円滑な返済金額に変えて、当社の自力回復をお待ちいただきたいと考えました。

D銀行：私どもとしては、御社のおっしゃることは、納得できますが、皆さまはいかがお考えですか。資金繰り予定表や経営改善計画、その他の財務関連資料は、既に皆様には届いていると思いますが、それぞれの金融機関のお考えをお聞きしたいと思います。

経営者：ということで、A銀行さんとB信用金庫さんにご意見をお聞きしたいと思います。当社の短期運転資金であるキャッシュイン借入れ（回転資金）は、A銀行とB信用金庫の両行から借入れていましたことから、その2,000万円は、かつての残高按分（プロラタ方式）でご支援を続けていただきたいと思います。A銀行さんは660万円（≒20百万円×10／30）、B信用金庫さんは1,340万

円（≒20百万円×20／30）となりますが、いかがでしょうか。

A銀行：ちょっと待ってください。1,000万円の賞与資金融資が660万円の融資に変わることは分かりますが、その660万円は毎月の返済がなくなるのですか。

B信用金庫：私どもの1,340万円も返済なしの融資になるということですか。

経営者：結果的には、短期継続融資ということで、返済なしになりますが、A銀行さんとB信用金庫さんの預金口座には、取引先からの売掛金の入金がありますので、当社の資金の動きは分かり、リスク面では改善すると思います。また借入金額残高も3分の2になりますので、よろしくお願いします。

A銀行：納得はできませんが、おっしゃることは分かりました。

経営者：次に、C信用金庫さんにご意見をお聞きしたいと思います。これまでの設備資金の借入れについては、その担保の不動産を売却して返済したいと思っています。そこで、この借入れは、売却までのつなぎ資金借入れ（資産売却返済資金）の位置づけに変更していただきたいと思います。その売却する資産（不動産）を担保に差し入れていますので、この資産が売れれば、C信用金庫さんのお借入れは返済することになりますので、資産売却までは毎月の返済を待っていただきたいと思います。

C信用金庫：ということは、私どものお借入れは、売却代金で全額返済ということになるのですか。

経営者：実は、全額返済になるか否かは、担保物件の売却値段次第だと思います。不動産などの資産は、私どもの想定値段ですから、その価格で売却できるとは限りませんし、現在は、新型コロナウイルス危機後で、景気が悪く、値段も下がっていると思います。そこで、C信用金庫さんには、その担保物件が売れて、現在の融

資がなくなるか少し残高が残るか分かりませんので、そうなった
後も、Ｄ銀行さんとともに、私どもを支援していただきたいと思
っています。

Ｃ信金：おっしゃることは分かりますが、私どもの融資は、保証協
会の保証付きですから、いずれにしても、売却前には、保証協会
に保証解除の承認も得なければなりませんね。

経営者：そうですね。私どもは、この物件は少なくとも借入金3,000
万円超で売れると見ていますので、その売却代金で、Ｃ信用金庫
さんの借入れはすべて返済になると思います。ということで、残
った借入れのうち、Ａ銀行さんとＢ信用金庫さんにお願いを予定
しています2,000万円を差し引いた5,000万円をＣ信用金庫さんと
Ｄ銀行さんの貸出残高をベースに、プロラタ方式（比例配分方式）
で返済することをお願いしたいのですが……。

Ｃ信金：ちょっと待ってください。ということは、私どもの今まで
の融資は保証協会の保証付きでしたが、これからの融資は、信用
保証協会の保証なしの融資ということですか。根雪資金借入れ
5,000万円を私どもの借入金3,000万円とＤ銀行さんの4,000万円
で按分するということですか。

経営者：その通りです。厳密に按分しますと、Ｃ信用金庫さん約2,150
万円とＤ銀行さん約2,850万円ですが、ここは、Ｃ信用金庫さん
2,000万円とＤ銀行さん3,000万円にてご支援していただきたいの
ですが……。担保は、現在のＤ銀行さんに差し入れてある担保を、
Ｃ信用金庫さんとＤ銀行さんで実質同順位にすることも可能です
から、このこともできると思います。

　そして、この合算5,000万円の借入れは、資本性借入れ（根雪資
金）として、お願いしたいのですが……。その返済は、約１年間
の据置期間を置いて、毎年の営業キャッシュフロー金額を按分し

て、C信用金庫さんとD銀行さんに毎月返済でお願いしたいと思います。C信用金庫さんとD銀行さんには、プロラタ方式の返済をお願いしたいと思っています。私としては、実務面まで踏み込んで、一方的に発言をさせてもらいましたが、ここで、皆様のご意見をお聞きしたいと思います。

A銀行：T社の経営者さんの論理は分かりますが、A銀行・B信用金庫のような信用貸出は、メイン銀行さんが肩代わるのが筋だと思いますが……。

B信金：確かに、私どもは短期融資ということで、ご支援しておりましたから、A銀行さんのおっしゃることが筋だと思いますが……。

C信金：しかし、当社の場合は、どこの金融機関がメイン銀行であるか否か、よく分かりませんね。貸出残高でメインというのか、資金使途でメインというのか、または、関連取引でメインというのか、いずれにしても、当社の取引では、信用貸出のメイン寄せは難しいですね。

D銀行：その通りだと、思いますね。現在は、独占禁止法の縛りもあって、それぞれの金融機関が融資条件などについて、相互に支援金額や融資期間などの相談もできませんので、昔のようにメイン銀行がリーダーシップを発揮するということも難しくなっていますね。私どもの融資残高が一番多いということで、今回は、当社と事前にいろいろなご相談をさせてもらいましたが、少額借入れをメイン銀行が肩代わる「メイン寄せ」などということは、最近ではあまり聞きませんね。

経営者：そうですね。今回は、このバンクミーティングについて、D銀行さんに相談させてもらいましたが、他の銀行の融資の肩代わりについてなど、全く考えていませんでした。そこで、今までの

お話で、D銀行さんのご意見はいかがですか。

D銀行：この新型コロナウイルス危機は各中小企業の皆様にとって、一大事ですので、私どもとしては、御社の再生にお役に立ちたいと思っております。また、協調融資の各金融機関さんの公平性も守りたいと思っています。そこで、具体的に、御社にとって、負担感がなく、金融機関間での公平性からすると、御社の毎年の平均営業キャッシュフロー（≒当期利益＋減価償却費）が700万円ですから、C信用金庫さんの毎年の返済は300万円（＝700万円×30／（30+40））、私どもD銀行は400万円（＝700万円×40／（30+40））となりますね。この数値ではいかがかと思います。

経営者：私どもとしては、異存ありませんが、A銀行さんとB信用金庫さんはよろしいですか。

A銀行：それは納得できません。融資残高の大きいC信用金庫さんとD銀行さんは、担保付きの融資であり、B信用金庫さんと私どもA銀行が信用扱いの融資では、バランスを欠くと思います。

D銀行：しかし、私どもD銀行の抵当権の取り分は減少しているので、その信用貸出分は増加しているのですよ。

C信金：では、われわれの同順位抵当権担保であろうとも、信用部分が多いということですね。それは困りましたね。私どもはもともと保証協会保証付の融資でしたから、そんなに信用部分が多くなれば、本部の稟議承認は難しくなりますね。

経営者：それは困りましたが、D銀行さんと事前相談した時に、比例配分返済であるプロラタ返済には、残高プロラタと信用・担保プロラタの2通りがあることを聞きました。バンクミーティングで各金融機関の意見が合わない時は、金融機関がそれぞれに公平を主張して、残高プロラタと信用・担保プロラタの話になるかもと、聞いていました。ということは、やはり、信用・担保プロラ

タの試算をしなければならないということですか。

D銀行：しかし、今回のケースは、そこまで、緻密な比例配分で公平性を主張することもないような気がします。A銀行さんとB信用金庫さんの2,000万円の借入れは、実質「短期継続融資」であり、各金融機関には売上代金が入金されることになっていますので、一般的な信用貸出よりもリスクは低いと思います。また、C信用金庫さんとD銀行が融資する5,000万円の根雪融資も、2年後から毎月返済が始まります。担保価値は、今は下がっていますが、便利な場所の不動産ですから、逆にこれから値上がりするかもしれませんね。

C信金：しかし、私どもの融資は売却しやすい物件を担保にしていたので売れてしまえば、当然われわれ信用金庫の協融金融機関としての役割は終了することになりますね。しかし、従来からの協融行として、支援を続けることも理解できます。そこで、リスク度では信用プロラタと担保プロラタがあるわけですから、その両者を絡めて、試算をしてもらい、その数字を見せていただきたいものですね。私どもは、もともと担保付きの融資で支援していましたのが、信用融資部分が増加することになるのですから、信用扱い部分の融資の返済は大きくしてもらいたいですからね。

経営者：分かりました。では、昨日私どもで試算した、計算値をお示しします。

〈試算内容〉

①D銀行の不動産の下落で抵当権の取り分が、50％まで落ち込んだことから、その営業キャッシュフローを信用貸出部分と担保付きの部分に按分することにする。
当社全体では担保付きの部分の借入れは、5,000万円（＝3,000万円＋4,000万円×50％）で、信用部分の借入れは2,000万円（＝4,000万円×50％）となる。

②信用部分の借入れは、担保付部分の借入れよりもリスクが高いということで、ここでは、毎月の返済金額を担保付部分の借入れの2倍にする（ただし、2倍の根拠は未定）。

③毎年の営業キャッシュフローを「担保付：信用＝5：4」「5,000万円（＝3,000万円＋2,000万円）：2,000万円×2倍」に按分するという理論値になる。このように考えるとしたならば、担保付借入れの返済は400万円（≒700×50／90）と信用扱いの借入れの返済は300万円（≒700×40／90）に分けることになる。

④その担保付借入れの400万円をC信用金庫240万円（＝400×30／50）とD銀行160万円（＝400×20／50）にプロラタ方式で分けることになり、信用借入れの300万円をC信用金庫150万円（＝300×20／40）とD銀行150万円（＝300×20／40）に分ける。これを年間営業キャッシュフロー返済ではC信用金庫390万円（＝240＋150）で、D銀行は310万円（＝160＋150）となる。

⑤とはいいながら、C信用金庫の融資3,000万円が不動産売却で一括返済された場合は、C信用金庫とD銀行の毎年返済金額は、「C：D＝390万円：310万円」となり、融資金額・新担保取り分同額ということで「C：D＝350万円：350万円」とすることもできる。もしも、この毎年返済金額を採用すると、前者は5.1年と6.4年の返済期間になり、後者は、ともに5.7年の返済期間になる。ただし、この計算には、いくつかの割り切りと概数部分があるので、はたして、この数値が5年以上にわたり説得力があるかは疑問である。

C信金：（上記の試算を見ながら）分かりました。今回の当信用金庫の支援は、D銀行さんと歩調を合わせるか、そんなことはないと思いますが、現在の融資を返済してもらった時点で、取引を取り止めるかの判断だと思います。それはそうと、信用部分の借入れは、担保付部分の借入れよりもリスクが高いことは分かりますが、その調整が「毎月返済を2倍にする」ということ、また、営業キャッシュフロー700万円の按分のやり方は、やや大雑把すぎると思いますね。

A銀行：いや、御社が作成したC信用金庫さんとD銀行さんのプロ
　　　ラタ方式の論理は分かります。しかし、A銀行やB信用金庫さん
　　　だって、信用扱いの借入れなのですよ。

B信金：しかも、その信用扱いの借入れ残高は2,000万円もあるので
　　　すから、これでは、本部の説得は難しいかもしれませんね。

C信金：まあ、両行は短期の貸出で、もともと信用扱いの貸出でし
　　　たし、金融庁の推奨する「短期継続融資」とも解釈できますから、
　　　やはり、信用扱いが妥当であると思いますが……。

D銀行：そうですね。平均営業キャッシュフロー（≒当期利益＋減
　　　価償却費）が700万円と言いながら、それを信用貸出部分と担保
　　　付きの部分に按分するとか、信用保証協会の保証は担保か信用か
　　　という議論、また、信用部分の借入れは、担保付部分の借入れよ
　　　りもリスクが大きいから毎月返済は2倍にするべきなど、どうも
　　　話が、金融機関のリスク回避のことばかりに集中してしまいまし
　　　たね。本来ならば、新型コロナウイルス危機で、各金融機関は当
　　　社の再生に対し、協力しなければならないところだと思います。次
　　　回は、われわれの信用融資や担保融資の話から離れて、当社の再
　　　生の話にもっと注力するべきではないでしょうか。

経営者：ありがとうございます。私どもも、金融機関さんへの毎月
　　　返済の金額はできるだけ少なくしてもらい、企業再生に注力した
　　　いと思います。本日のお話を参考にさせていただきながら、次回
　　　は、私どもの再生施策と、金融機関さんに対する据置期間、また
　　　毎月の返済金額について再提案を行って、皆様が、本部審査部に
　　　その方向で稟議書をご提出できるように、もっと詰めたご提案を
　　　したいと思います。

コメント

　実際に複数の金融機関から融資を受けている借り手企業は、返済猶予
やその返済金額などについて、各金融機関の足並みが揃わない時はバン
クミーティングを行います。その会議では、それぞれの金融機関の与信
リスクの多寡で、毎月の返済金額や信用貸出部分の圧縮などで、それぞ
れの主張がぶつかり合うことが多々あります。金融機関間での返済金額
の調整はなかなか難しく、そのリード役を演じる債務者やその顧問税理
士などとしては、これが大きな負担になっています。

　このバンクミーティングに出席する各金融機関のメンバーにもよりま
すが、その出席者は、本部審査部への稟議書をいかに有利な条件で書き
上げるかを考えているようです。この稟議書には、他行よりも自行の引
当てが強化され、できれば融資残高を圧縮することができ、地域への貢
献度も認めてもらえるかなど、説得力のある論理でもって記載できるこ
とを狙って、交渉や情報を集めることに注力しているようです。

　ちなみに、バンクミーティングに出席したメンバーは、それぞれの金
融機関に戻った後に、本部審査部に提出する稟議書を書いて、本部から
の決定を取り付けるのです。

　このような実情から、中小企業経営者や財務の責任者は、金融機関に
対して、このバンクミーティングで、返済猶予を受けてもらおうとか、
返済猶予後の毎月返済金額を少額に抑えてもらおうなどという、他力本
願の考え方は改めることが大切です。金融機関の内情を理解して、その
債務者自身が、自らの再生施策が最も有効に実施できる据置期間や返済
猶予期間またその返済金額を、自ら責任を持って決めていくことが重要
であると思います。自社の将来の再生や成長について、全社ベースで実
質的な視点で、種々の融資条件を検討して、決めていくことが必要です。
そして、各金融機関に提案し、その金融機関の融資担当者が本部に稟議
書を上げて、円滑に承認が取れるように、種々配慮することがポイント

になると思います。

　以下、複数の金融機関と取引する企業における、返済猶予期間や毎月返済金額の圧縮化、返済期日の延長手法など、さらに、詳しく説明していくことにします。

2 │ 複数金融機関が与信リスク・引当金負担の軽減化に動く場合

　返済猶予については、取引している複数の金融機関が一斉に協力してくれないと、その効果は半減してしまいます。返済猶予に協力してくれた金融機関も、他の金融機関が逆に返済を強要していたとしたならば、その協力は続けることが難しくなってしまいます。金融機関はどうしても業績不振先の貸出の圧縮を図ります。ややもすると、返済猶予申請先は業績不振先に見られることから、他行の貸出シェアが徐々に低下し、縮小均衡になってしまうかもしれません。金融機関の本部審査部などが、融資現場の支店長や担当者に対して、与信管理の甘さを追及すれば、融資マインドは減退してしまいます。現在が新型コロナウイルス危機後の緊急事態であろうとも、金融機関内部の与信管理のチェック体制は厳格さが真骨頂ですから、借り手企業としても、その内情をわきまえながら、融資交渉をすることが欠かせません。

借入れ明細	金額	毎月の返済金額	銀行名
賞与資金借入れ	1,000万円	毎月の返済200万円	A銀行
仕入資金借入れ	2,000万円	3か月後に全額一括返済	B銀行
設備資金借入れ	3,000万円	毎月の返済100万円	C銀行
長期運転資金借入れ	4,000万円	毎月の返済50万円	D銀行
（合計）	（1億円）	（毎月の返済合計350万円）	

　この中小企業は、個々の借入れをそれぞれ別々の金融機関から借り入れています。この企業が返済猶予や毎月返済金額を申請した場合、その

調整を行うことは至難の業になります。まして、それぞれの貸出は、一般的には、担保・資金使途・返済内容・金利が異なっており、各金融機関のリスク感覚や収益貢献度も違っていますので、その交渉は容易ではありません。

Q&A ⑬

経営者：D銀行さんは、私どものメイン銀行ですから、ぜひ、当社の相談に乗っていただきたく、参りました。今月末の毎月返済は350万円になりますが、何とか、すべての金融機関の返済が半分くらいにしてもらいたいと思います。最近の新型コロナウイルス危機で、売上が減少して、手元現金の減少が大きく、毎月の返済を皆様に猶予していただきたいのですが。

D銀行：では、御社としては、毎月の返済金額がいくらになれば、よろしいと考えていらっしゃるのですか。そして、いつから、もとの毎月返済に戻そうと考えていらっしゃるのですか。「資金繰り予定表」で、教えていただけますか。

（後日、経営者は「資金繰り予定表」を作成しD銀行を訪問しました。）

経営者：「資金繰り予定表」では、C銀行さんとD銀行さんに返済を猶予してもらえば、当社は1年後には同じ金額の毎月返済が続けられることになります。よろしくお願いします。

D銀行：返済猶予については、当行としては、新型コロナウイルス危機対応として、極力、ご協力したいと思っています。たとえば、C銀行さんと当行が返済猶予をしても、A銀行さんとB銀行さんが返済を続けるということになれば、話は変わってきてしまいます。C銀行さんは、十分な担保を取っているわけですから、わたしどもD銀行だけが、信用リスクが大きくなってしまいます。こ

の点は、やはり、納得できませんね。少なくとも、Ｃ銀行さんと
担保条件を揃えてもらいたいものですね。

（後日、経営者は資金繰り予定表を作成し、Ｃ銀行を訪問する。）

経営者：この資金繰り予定表では、Ｃ銀行さんとＤ銀行さんに返済
を猶予してもらえば、当社は１年後には同じ金額の毎月返済が続
けられることになります。よろしくお願いします。

Ｃ銀行：返済猶予については、当行としては、極力ご協力したいと
思っています。しかし、Ｄ銀行さんはメイン銀行ですから、当行
と同じリスク度を求めることは筋が違うと思いますね。それより
も、Ａ銀行さんとＢ銀行さんには返済を続けるのですか。これで
は、貸し手の平等原則に反すると思いますが……。

（後日、経営者は資金繰り予定表を作成しＡ銀行を訪問する。）

経営者：資金繰り予定表では、Ｃ銀行さんとＤ銀行さんに返済を猶
予してもらえば、当社は１年後には同じ金額の毎月返済が続けら
れることになります。Ａ銀行さんには、従来の通り、返済を続け
ますから完済になったら、また貸してください。

Ａ銀行：再度の貸出の復活については、貸出がすべて完済になった
ときに考えることになっています。金融機関は貸出の予約はでき
ないことになっています。

経営者：では、その賞与資金借入れの復活の約束をしていただけな
いのですか。賞与資金借入れができないときは、従業員にボーナ
スが払えず、皆の士気も落ち込んでしまいます。

Ａ銀行：そのことは分かりますが、残念ながら、金融機関としては、

融資予約はできません。もしも、Ｃ銀行さんとＤ銀行さんがこの返済猶予に応じてくれないときは、私どもＡ銀行は信用貸出ですから、大きなリスクを被ることになります。

経営者：では、Ａ銀行さんは、私どもの資金繰り改善に対する、ご協力は難しいとお考えなのですか。

Ａ銀行：新型コロナウイルス危機対応では、当行も支援したいと思っていますが、他行さんの支援の姿勢が分からないと、動くことができませんね。われわれは、賞与資金融資で返済財源が明らかな短期貸出です。Ｃ銀行さん・Ｄ銀行さんのような長期貸出ではありませんから、やはり、お約束どおりの返済を続けてください。

経営者：これは困りました。Ｃ銀行さんからはＡ銀行さん、Ｂ銀行さんに返済を続けることは、貸し手の平等原則に反すると言われ、Ａ銀行さんからは約束どおり返済しろと言われ、私どもとしては、本当に困ってしまいます。

（後日、経営者は資金繰り予定表を作成しＢ銀行を訪問する。）

経営者：資金繰り予定表では、Ｃ銀行さんとＤ銀行さんに返済を猶予してもらえば、当社は１年後には同じ金額の毎月返済が続けられることになります。Ｂ銀行さんには、従来の通り、期日に完済しますから、また仕入れを行うときはその資金を貸してください。

Ｂ銀行：再度の仕入資金の貸出については、既存の貸出が完済になったときに考えることにしましょう。

経営者：では、仕入資金借入れができないこともあるのですか。

Ｂ銀行：そうですね。もしも、Ｃ銀行さんとＤ銀行さんがこの返済猶予に応じてくれないときは、私どもＢ銀行は信用貸出ですから、金融機関として大きなリスクを被ることになります。

もしも、御社が赤字にでもなったり、仕入商品の一部が売却できないことにでもなったら、私どもＢ銀行の信用リスクは、一層大きくなってしまいます。

経営者：でも、御社から仕入資金融資が受けられない場合は、当社の売上は大幅にダウンしてしまいます。次回の融資が難しいならば、Ｂ銀行さんも返済猶予をしてもらえませんか。

Ｂ銀行：それは困ります。われわれは、仕入資金借入れで短期の借入れですから、Ｃ銀行さん、Ｄ銀行さんのような長期の貸出ではありません。お約束どおりの返済を、ぜひとも続けてください。

経営者：それでは、とても困ってしまいます。Ｄ銀行さんからはＣ銀行さんとの担保のバランスについて要請され、Ｃ銀行さんからはＡ銀行さん、Ｂ銀行さんに返済を続けるならば貸し手の平等原則に抵触すると言われました。Ｂ銀行さんとＡ銀行さんからは「約束どおり返済したとしても、次回の融資の予約はできない」と言われ、私どもとしては、本当にどうしたらよいか、八方塞がりで実に困っています。

コメント

①なぜ、融資担当者は「返済猶予」に対して消極的になるのか

　中小企業の多くは複数の金融機関から借入れがあります。返済猶予というものは、金融機関にとっては、「延滞」と紙一重のことであり、与信リスクが高まります。対応次第では、この「返済猶予」は、金融機関の不良債権比率を高め、引当金負担を増し、その期の金融機関の利益にマイナス効果となってしまうことを恐れるのです。融資担当者としては、一般的には、返済猶予を申し出るような、与信リスクの大きい企業への貸出残高は少なくしなければ、引当金の積増しになって、金融機関自身の利益の引下げになってしまうことを恐れるのです。そして、金融機関

内部では、金融機関の利益の足を掬うような融資担当者は、人事評価も
マイナスになるようです。

　したがって、国や金融庁が、新型コロナウイルス危機の対策として
「返済猶予」を勧奨したとしても、金融機関自身の引当金負担が増し、金
融機関の利益を害することになることは、本音ベースでは、歓迎できな
いものです。融資担当者にとっては、支店の業績考課も人事考課も下が
ってしまうことになりますから、やはり、「返済猶予」などの融資条件緩
和の依頼は、できれば避けたいものです。金融機関としては、業績悪化
の返済猶予先に対しては、早期に返済し自行の貸出残高を圧縮してもら
って、自行庫の利益を毀損しないようにしてもらいたいはずです。

　このような引当金の積上げは、金融検査マニュアル廃止後については、
金融機関自身の経営理念に沿って、それぞれ自由に実施できるようにな
っています。また、例外扱いとして、あえて積み上げなくてもよいと言
われています。ただし、各金融機関では、自己査定に関わる「債務者区
分」や「債権分類区分」は審査部が主管し、「引当金繰入れ」は経理部・
財務部が主導で実施することになっていますので、その金融機関内部の
組織間の整合性は必ずしも一致しているとは言えません。そこで、融資
担当者としては、債務者区分についてはどうしても保守的になりがちと
言えます。

　このように、金融機関内部の事情がありますから、バンクミーティン
グに金融機関を代表して出席する融資担当者は、同じような利害関係の
ある他の金融機関よりも、自行庫が不利益になることを防止したいと思
っているのです。そのために、バンクミーティングにおいては、各金融
機関からの発言は対象企業の利益や将来の再生また、SDGsや地域貢献
の話よりも、自分たち金融機関の利益保全や損失縮小化に集中すること
が多々あります。〈Q&A12〉〈Q&A13〉のケースも、ほとんどが、金融
機関自身の利害の話になってしまいました。

逆に、バンクミーティングを有効に活用するためには、主催者である企業が、「①窮境になった原因、②今後の再生への計画や心構え、③各金融機関の協力が必要であること、④どの金融機関も大きな不公平にはなっていないこと」を話しながら、「融資の割り振りや毎月返済の金額、適用金利や担保・保証状況」などの条件については、メイン銀行と前もって相談した後に、企業自身から提案することがポイントになると思います。

　とは言いながら、バンクミーティングを主宰する企業としては、金融機関の内部事情、特に最も重要で外部からは理解しにくい「債務者区分」「債権分類」「貸倒引当金の算定」の自己査定の簡単な知識は必要であると思います。

②自己査定に関わる「債務者区分」「債権分類」「貸倒引当金の算定」とは

　金融機関自身の決算書は「企業会計基準」というルールで作成することになっています。企業は金融機関から借入れをすると、その借入れは企業のバランスシート（貸借対照表）の右側の負債項目として載りますが、金融機関にとっては、この借入れは貸出としてそのバランスシートの左側の資産項目に記載されます。

　企業では、自社の資産である売掛金や在庫また建物の内容を精査するように、金融機関は自行庫の資産であるその貸出・資産の内容をよく吟味します。融資している企業の財務内容・収益状況・収支や返済状況・担保保証状況などを金融機関は、自らで調べて個々の貸出のリスクに合った引当金を積み上げます。業績が良好な企業への融資はリスクも少なく引当金の積上げは必要ありませんが、業績が低迷している企業については、そのキャッシュフローの動向や財務内容、損益状況などによって引当金の積上げの比率である引当率も異なります。担保処分の容易さや

担保の価値によっても引当率は変わってきます。業績が悪化して融資の回収が見込めない場合、引当率は融資全額になることもあります。

　この引当率の決め方や引当金の積上げ法に関わる金融機関の一連のプロセスを「自己査定」といっています。

　そして、この引当金を積み上げる準備作業に、前述の「格付け評価」、「債務者区分」、「債権（資産）分類」、「貸倒引当金の算定」などの業務プロセスがあります。

　「格付け評価」は、取引先の財務報告（貸借対照表や損益計算書など）を見て、財務分析・定量分析を行い、次に定性分析を行います。ほとんどの金融機関は、決算書を受け取るとスコアリングシートの評価を行いますが、実際には、企業の財務データを電算センター等に送って、その財務分析・定量分析を行います。次に、決算書に表れない強みを、定性分析で評価をします。

　この「格付け評価」は、金融機関では、自己査定の「債務者区分」とも言われています。この評価のメカニズムは、65・69ページを参照してください。

　その後に、「資産分類」を行います。これは、企業の1本1本の借入れに対して、リスク度を割り出して区分（グループ化）をします。「資産分類」とは、同じ「債務者区分」先の個々の貸出を、担保貸出や信用貸出に分け、さらには、1本の貸出を担保付部分と信用部分に分け、最終的に、「非分類」「Ⅱ分類」「Ⅲ分類」「Ⅳ分類」の4つのリスク度で分類することです。

　具体的には以下の表のように分類します。

●債務者区分と資産分類の相関表

債務者区分	決済確実な割引手形 短期回収確実なもの※	優良担保 ・優良保証		一般担保 ・一般保証		信用部分
			評価額と処分可能見込額との差額		評価額と処分可能見込額との差額	
正常先	非	非		非		非
要注意先	非	非	Ⅱ	Ⅱ		Ⅱ
破綻懸念先	一部非	非	Ⅲ	Ⅱ	Ⅲ	Ⅲ
実質破綻先	一部非	非	Ⅲ	Ⅱ	Ⅲ	Ⅳ
破綻先	一部非	非	Ⅲ	Ⅱ	Ⅲ	Ⅳ

※　短期回収確実なもの…おおむね1か月以内に回収が確実と認められる貸出金
非（非分類）正常債権　　　　　　　　　　Ⅲ（第3分類）回収に重大な懸念のある債権
Ⅱ（第2分類）回収に注意をする債権　　　　Ⅳ（第4分類）回収不能債権

　その次に、「引当金の算定」を行います。これは、「資産分類」の「非分類」「Ⅱ分類」「Ⅲ分類」「Ⅳ分類」に沿って、それぞれの引当金を、実際に算定することです。

　この「引当金の算定」は、債務者区分における正常先・要注意先と破綻懸念先・実質破綻先・破綻先とで、算定手法が異なります。正常先・要注意先は一般引当金のルールで、破綻懸念先・実質破綻先・破綻先は個別引当金のルールで算定することになっています。そして、両グループの中間にある要管理先については、一般引当金で評価することもあり、個別引当金で評価することもあるということになっています。要管理先の大口先に対しては、DCF（ディスカウント・キャッシュフロー）法という手法が採用されます。このDCF法は、将来キャッシュフローを現在価値に割引いて評価する方法で、このDCF法は、要管理先の個々の貸出で適用することが原則です。そのために、大口の要管理先は個別引当金を適用することになっています。この引当金と債務者区分の関係は、以

下の通りです。

引当金	債務者区分	
一般引当金	正常先	要注意先
一般・個別引当金 （折衷案）	要管理先 （大口先は個別引当金）	
個別引当金	破綻懸念先	実質破綻・破綻先

　そして、ここで述べた一般引当金と個別引当金の算定ルールは下記の通りです。

　一般引当金は、債務者区分ごとに算定した過去の「貸倒実績率」または「倒産確率」に基づいて「予想損失率」を求めます。その予想損失率を債務者区分ごとの債権の合計額に乗じて予想損失額を出して、それをこの（一般）引当金に計上します。

　・一般引当金＝債務者区分ごとの合計債権額×予想損失率

　個別引当金については、破綻懸念先はⅢ分類の債権額に予想損失率をかけて求め、

　実質破綻・破綻先はⅢ分類・Ⅳ分類を原則全額（引当率100%）としています。

　・個別引当金（破綻懸念先のⅢ分類）＝破綻懸念先のⅢ分類の債権額
　　×予想損失率

　また、要管理先の引当金は、一般引当金と個別引当金の折衷ですが、大口の要管理先にはDCF法を適用しますので、個別引当金手法になります。引当率（予想損失率）と債務者区分の関係については、各金融機関でそれぞれ算出することになっており、その比率はそれぞれの金融機関で異なりますが、おおむね、次の表のイメージになっています。

●3大銀行グループの引当率

債権分類		引当率
	正常先債権	0.2%前後
	要注意先債権	5.0%前後
不良債権	要管理先債権	19.1 ～27.0%
	破綻懸念先債権	59.3 ～75.9%
	破綻先債権	100%

　以上が、引当率の算出や引当金積上げの概要ですが、この内容は、2019年12月に廃止になった金融検査マニュアルの別表1・2に載せられたものです。しかし、未だに、ほとんどの金融機関でこの手法は利用されていますし、今後とも続く「資産査定」「自己査定」の中心的な考え方として、長期間にわたり続いていくことになると思います。

3 ｜ メイン銀行がその責任を回避した場合

　上記の事例の後に、この中小企業はD銀行に、再度、金融機関の返済猶予の交渉の経緯を説明に行きました。

> **Q&A ⑭**
>
> **経営者**：実は、金融機関の皆様との返済猶予の交渉を行いましたが、これほど難しいとは思いませんでした。御行（D銀行）とC銀行さんは返済猶予については、極力ご協力したいとおっしゃっていただきましたが、B銀行さんとA銀行さんからは約束通り返済しても、次回の仕入資金や賞与資金の融資については、再度支援するか否か、確約ができませんと言われました。また、御行（D銀

190

行）からはC銀行さんとの担保のバランスについて要請され、C
銀行さんからは、A銀行・B銀行に返済を続けることは貸し手の
平等原則に反すると言われました。しかも、B銀行さんとA銀行
さんからは約束通り返済しろと強く言われ、私どもとしては、ど
うしたらよいか、実に困っています。

D銀行：ということは、私どもが返済猶予のご協力をしても、他行
さんの足並みが揃わないということですね。もしも、私どもが返
済猶予を行っても、C銀行さん・A銀行さん・B銀行さんの返済条
件の変更がないときは、他行さんの貸出は返済が進んで行って、
私ども（D銀行）の御社への貸出シェアが毎月高まって行くこと
になりますね。この動きが続くとしたならば、現在の4行の協調
融資が当行の一行支援体制に収斂するということになるのですね。

経営者：そこまで、極端なことにはならないと思いますが……。御
行は当社のメイン銀行ですから、何とか支えていただけませんか。

D銀行：ちょっと待ってください。私どもは、現在は貸出残高で他
行さんよりも大きい金額になっていますが、担保面では、C銀行
さんが取り分の大きい担保を取っていますので、C銀行さんこそ
メイン行ではないのですか。また、C銀行さんの毎月の返済は100
万円で私どもの毎月返済50万円の2倍です。もともと、貸出残高
面でもC銀行さんがメイン行と思いますが……。

経営者：メイン行についての話は、ともかくとして、ぜひ、御行に
返済猶予のご協力をお願いしたいのですが。

D銀行：このように、金融機関の間で足並みが揃わない状況では、私
どもとして、直ちに、返済猶予の方針は出せないと思います。

コメント

①複数行取引におけるメイン銀行の喪失

複数の金融機関で協調融資を行っている場合は、ある１行の与信リスクが高まることは、その金融機関の協調融資支援の腰が引けてしまうものです。多くの金融機関が撤退すると、残された金融機関がその他の金融機関の融資を肩代わることになります。メイン行がリーダーシップを発揮して企業支援を行うことが当然であるという考え方が金融機関の間に定着していた頃は、各金融機関とも相互扶助で協力したものです。業績不振先から撤退することについては、メイン行への遠慮や他行また世間に対して肩身が狭くなるという感覚がありました。

　しかし、現在の金融機関においては、独占禁止法の影響か、金融機関の間の横の連絡がほとんどなくなってしまい、常に他行の融資姿勢が消極的になることへの疑心暗鬼で頭が一杯になってしまうようです。特に、金融機関の融資現場である支店の担当者の間では融資増加姿勢が弱まっているようです。

　この事例の場合も、金融機関に返済猶予を申し出た中小企業は、メイン行と思っていたＤ銀行から、「私どもはメイン行ではない」と言われ、「他行の返済猶予ができなければ、当行だけが返済猶予に応じることはできない」とまで、言われてしまいました。結局、すべての金融機関が、他行同調方針で固まってしまい、どこの金融機関からも資金調達ができなくなってしまったということです。

　ただし、この企業とメイン銀行の会話については、「鶏が先か卵が先か」の論争になってしまいます。本来は、経営の責任を負う中小企業の経営者が、金融機関との取引方針を決めることが重要ですが、金融機関としても、SDGsの考え方や地域貢献を重視するならば、取引先との連携で社会貢献をすることが大切に思います。

②メイン銀行の変遷と今後のメイン銀行
　新型コロナウイルス危機後においては、多くの企業が手元現預金の不

足に見舞われ、金融機関との連携を強化し、円滑な資金調達が求められています。そのためには、複数の金融機関をまとめ、経営のコンサルティングをリードしてくれるメイン銀行の位置づけが大きくなってきました。

かつて、金融機関は、戦後復興期で、融資枠が少ないときには、企業の資金ニーズを一つの金融機関の枠で賄うことができず、複数の金融機関が共同で融資枠を用意しました。この時のリーダー格の金融機関をメイン銀行と言い、企業の資金調達の支援・調整をしていました（『金融財政事情』1996年1月29日号、同年2月5日号の中村中（当時三菱銀行岩本町支店長）「私の支店経営論」参照）。

その後、バブルが崩壊し、金融機関が不良債権を多く抱えるようになって、引当金の積増しのプレッシャーに喘いで、金融機関も「背に腹は代えられず」ということで、中小企業に「貸し渋り・貸し剥がし」の厳しい対応を行って、社会から大きな批判を受けるようになりました。金融検査マニュアルの「別表1・2」の厳格な運用によって、メイン金融機関が、業績不振先に対して「我先に」というスタンスで融資資金の回収に動くようになったのです。また、メイン銀行が協融金融機関に対して、リーダーシップをとって、貸出条件緩和の旗を振ることもなくなりました。そこで、中小企業が自己防衛のため取引金融機関の数を増やすようにもなりました。一方、取引先に対して強い交渉力のある「メイン金融機関」は、金融検査マニュアルの融資条件や引当条件を自行庫の収益に貢献するように動いて、他行よりも有利になるように担保の設定を行うようにもなってきました。

そして、金融検査マニュアルが公表された1999年頃以降は、地元の中小企業をメイン銀行が支えないケースがかなり多くなってきました。まさに、「貸し渋り・貸し剥がし」が横行した時代と言えます。そこで、弁護士会などは、地域金融機関を独占禁止法の適用除外業種として扱うこ

とをやめて、独占禁止法の適用業種にし、金融機関の優越的地位の濫用やカルテル行為を防止する動きも出てきました。

　金融検査マニュアル公表前ならば、メイン金融機関は、協融金融機関に対し取引先のために貸出条件の緩和を調整していくものでしたが、金融機関に対する独占禁止法の制約のため、その各金融機関同士の調整・話し合いが、実際にはできなくなっていました。

　しかし、リーマンショックや東日本大震災後については、景気は持ち直し、倒産も少なくなってきますと、既存取引先に対して、金融機関の態度も寛大で柔軟になり、融資への敷居が低くなってきました。同時に、金融機関の返済猶予や中小企業に対する柔軟な対応が広がり、金融機関は中小企業を支援して、倒産の引き金を引くことはほとんどなくなりました。金融検査マニュアル公表後、約20年が経過し、金融検査マニュアルは廃止になり、メイン銀行の中小企業に対する対応も、徐々に柔軟になってきました。

　最近では、金融機関は、国連や日本国、またすべての金融機関の施策としてSDGs戦略の動きを取るようになりました。メイン銀行が、このSDGsの施策を、中小企業に浸透するように努めるようになってきました。メイン銀行になることは、中小企業と金融機関の連携であり、地域における最も強いパートナーシップとも言えます。メイン銀行との連携は、融資順位第1位の金融機関と取引先企業の間の地域連携とみなすこともでき、SDGsのパートナーと捉えることもできます。SDGsの「17の目標」は、国際的な視野でのパートナーシップの表現になっていますが、地域的な視野では、やはり、メイン銀行と取引先企業が今後の地域におけるパートナーであり、相互支援・相乗効果を図る絆であるともみなせます。そして、このことが、今後のメイン銀行のあり方になると思われます。

4 | 各金融機関が協調融資について「債権者（貸し手）平等の原則」を強く主張する場合

当社は、資金繰りと損益状況を見て、どうしても1年間は返済猶予を各金融機関に依頼しなければならないと思いました。〈Q&A14〉と同じ事例を使って、解説します。

借入れ明細	金額	毎月の返済金額	銀行名
賞与資金借入れ	1,000万円	毎月の返済 200万円	A銀行
仕入資金借入れ	2,000万円	3か月後に全額 一括返済	B銀行
設備資金借入れ	3,000万円	毎月の返済 100万円	C銀行
長期運転資金借入れ	4,000万円	毎月の返済 50万円	D銀行
（合計）	（1億円）	（毎月の返済合計 350万円）	

（当社はA・B・C・Dの各銀行に訪問し、下記の要請を行いました。）

Q&A 15

経営者：毎月の返済は350万円ですが、この1年間返済猶予をしていただければ資金繰りが助かります。合計で、4,800万円（＝1,000万円＋2,000万円＋100万円×12＋50万円×12）もの返済用の資金が手元に残って、運転資金に利用できることになれば、大変有難いです。新型コロナウイルス危機による売上の減少で、手元現金の減少が大きく、このままでは、運転資金が枯渇してしまいます。毎月の返済を1年間猶予していただきたく、ぜひ、皆様にご協力をお願いしたいと思います。ここに、1年間、金融機関から返済猶予していただいた場合の資金繰り予定表がありますので、御検討をお願いします。

（後日、経営者は資金繰り予定表について意見を求めにD銀行を訪

問する。）

経営者：先日お渡しした1年間返済猶予していただいた場合の資金
　　　繰り予定表のご意見をお聞きしたく、参りました。返済猶予とそ
　　　の後の返済についてはいかがですか。

D銀行：資金繰り予定表では、1年後から2,400万円の返済余力が出
　　　ることになっていますね。ということは毎月200万円返済できる
　　　ということですね。当行としては1年間の返済猶予は了解します
　　　が、1年後以降、各金融機関がプロラタ方式（借入残高比例型の
　　　返済額決定方式）によって、返していただければよいと考えてお
　　　ります。すなわち、毎月の返済は80万円（＝200万円×4,000万円
　　　÷1億円）となりますね。

経営者：そうすると、御行の毎月返済は30万円（＝80万円－50万
　　　円）増えるということですね。

D銀行：この方式は、客観性がありますから合理的だと思います。

（後日、経営者は資金繰り予定表について意見を求めにC銀行を訪問
する。）

経営者：先程、D銀行さんに行ってきましたが、そこでは、1年間
　　　の返済猶予は了解するが、1年後以降は毎月の返済合計額200万
　　　円に対してプロラタ方式によって返してくださいとのことでした。
　　　御行の場合は、毎月の返済は60万円（＝200万円×3,000万円÷
　　　1億円）となりますね。

C銀行：私どもも、1年間の返済猶予は了解しますが、プロラタ方
　　　式の返済については、筋が違いますね。私どもはあくまでも設備
　　　資金をお貸ししているわけですから、減価償却額に見合う金額の

返済をお願いしたいですね。

（後日、経営者は資金繰り予定表について意見を求めにＡ銀行を訪問する。）

経営者：先日お渡しした資金繰り予定表について、Ｃ銀行さんとＤ銀行さんは返済猶予期間を１年間にすることは了解してもらいました。ただし、返済猶予期間１年間の後については、Ｃ銀行さんは、減価償却額に見合う金額の返済を続けてくださいと言い、Ｄ銀行さんはプロラタ方式の返済をすべきであるとおっしゃっていました。

Ａ銀行：当行としては、返済猶予期間を１年間にすることは了解できませんね。御社に対してＣ銀行さんやＤ銀行さんは返済猶予を行うと言っているようですが、御社は当行の不良債権先ではありません。したがって、返済財源が明確な短期の貸出はお約束通り返済してください。完済後に、来期の賞与金額と御社の資金繰り等を考えて、再度賞与資金融資のご支援を検討します。

経営者：その賞与資金は、現在の金額と同額を出してもらえませんか。

Ａ銀行：その回答は、今はできませんが、従来からの当行の姿勢から、御社の期待を裏切ることはないと思います。

経営者：ということは、御行は、返済猶予期間を１年間にすることを認めないばかりではなく、借入れの条件についても変えることはできないということですか。

Ａ銀行：そうですね。われわれとしては、５か月後の返済期日までの猶予が精一杯ですね。そうしないと、次の賞与資金融資が全く出せなくなるということです。

（後日、経営者は資金繰り予定表について意見を求めにＢ銀行を訪問する。）

経営者：先日お渡しした資金繰り予定表について、Ｃ銀行さんとＤ銀行さんは返済猶予期間を１年間にすることは了解してもらいました。ただし、返済猶予期間１年間の後については、Ｃ銀行さんは、減価償却額に見合う金額の返済を続けてくださいと言い、Ｄ銀行さんはプロラタ方式の返済をすべきであるとおっしゃっていました。Ａ銀行さんは、返済猶予は賞与資金貸出の期日である５か月後までが精一杯と言っていました。賞与資金借入れを期日に返済したときについて、次の折り返しの貸出は検討してくれると言っていました。

Ｂ銀行：そうですか。私どもは、Ａ銀行さんと同様の対応にならざるを得ませんね。仕入資金のお借入れは短期の借入れですから、Ｃ銀行さん、Ｄ銀行さんのような長期の借入れではありません。お約束通りに期日返済をしていただけなければ、次の仕入資金の貸出をすることはできません。

経営者：ということは、御行としては、返済猶予期間の１年間は難しいということですか。借入れの条件変更も、一切、変えることはできないということですか。

Ｂ銀行：そう言うことではありません。われわれとしては、仕入れをされた商品が販売できずに御社の在庫に残っている場合は、その在庫が販売されるまではその仕入資金融資の期日を延長する用意はあります。そして、その融資が完済されたときは、次の仕入資金融資を検討するつもりです。つまり、仕入資金融資は、もともとその仕入商品の売却代金で返済してもらうものですから、ご融資とご返済の当然のお話をしているということです。

> 経営者：おっしゃることは分かりますが、今、この時点では返済猶
> 予期間1年間はできないということですね。

コメント

①「債権者（貸し手）平等の原則」により身動きが止まる複数金融機関

　不良債権先（要管理先・破綻懸念先以下）ではない当社は、返済猶予完了までの期間やその後の各金融機関の毎月返済金額について、それぞれの金融機関の足並みを揃えることは、現実問題として、極めて難しいということです。各金融機関とも、返済猶予を申し出た当社の貸出残高を何とか圧縮しようという姿勢が明らかです。確かに、各金融機関とも、貸出の資金使途や返済財源の筋論やプロラタ方式の返済論理は正しいと思いますが、金融機関としては、もう少し、この企業の窮境に至った原因の解明や今後の再生に向けた対策に貢献する姿勢や再生のアドバイスが欲しいようにも思います。

　新型コロナウイルス危機後の企業に対する経営相談・経営指導の対応が望まれます。各金融機関とも、返済猶予に対しては寛大で柔軟な対応を金融庁などから求められていますが、相変わらず、協調融資の金融機関の中には、自行・自金庫・自組合のリスクの軽減化については少しも譲れず、「債権者（貸し手）平等の原則」の呪縛に縛られてしまうことが多いようです。返済猶予完了期間やその後の毎月の返済金額シェアについては、それぞれの金融機関の与信管理の立場を強く主張して、金融機関の間でなかなか合意ができないようです。

②「債権者（貸し手）平等の原則」よりも顧客本位志向に

　中小企業の取引銀行の多さは、中小企業にとっては、ある銀行から融資を断られても別の銀行が支援してくれるという「安定的な資金調達パイプ」であると同時に、金融機関としても融資の分散によるリスク分散

になると言われていました。しかし、中小企業にとっても金融機関にとっても、複数の金融機関取引は非効率的であることが明らかになってきました。以下の図表では、日本の中小企業の取引金融機関数が多く、非効率であることが明白です。

●中小企業の取引金融機関数（企業規模別）

〈米国〉

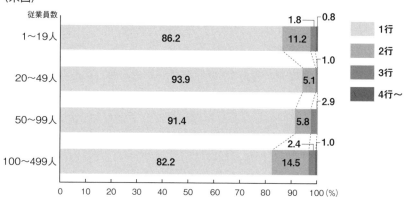

〈日本〉

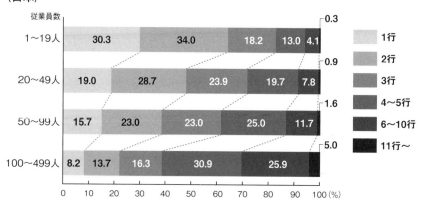

（注1）：FRB "1998 Survey of Small Business Finances"。ここで米国における取引金融機関とは、クレジットラインによる借入のある企業が対象。
（注2）日本は、直近決算で取引がある都市銀行・長期信用銀行・信託銀行・地方銀行・第二地方銀行・信用金庫・信用組合の合計。中小企業庁「資金調達環境実体調査」（2004年12月）
（資料）中小企業庁「中小企業白書2005年版」

　この複数金融機関取引については金融機関交渉の時間的なロスや「債権者（貸し手）平等の原則」の金融機関間の疑心暗鬼、また、金融機関自身のコンサルティング業務の不徹底など多くの問題点が指摘されてきました。特に、金融機関が、最近、力を入れている企業コンサルティングについては、「１対１」が原則であることから、複数金融機関数の圧縮、メイン銀行化が、喫緊の課題とも言われています。

　金融機関にとって、中小企業の取引金融機関数の圧縮は、１行あたりの融資残高が増加し、手数料収入増加のチャンスにもなり、接客コストの削減にもなります。また、取引銀行が多い場合は、それぞれの金融機関の動きが分からないことから、他行が返済を迫った場合の取引先の資金ショートのリスクや、逆に、他行の貸し込み増加による肩代わりリスクも予想されます。

　今後は、金融機関の中小企業の内部統制への指導や、地域貢献度、SDGs指向が強くなって、中小企業と金融機関の連携が深まることになれば、企業の取引金融機関数は減少し、最終ユーザーである中小企業への直接貢献に注力するようになると思われます。すなわち、金融機関の顧客本位志向も高まることになると思います。

　また、新型コロナウイルス危機後の３密防止の観点からも、好ましい状況になってきます。

③金融庁の「新型コロナウイルス感染症関連情報」の活用

　金融機関は、複数行取引の場合は、「債権者（貸し手）平等の原則」によって、一般的には、〈Q&A15〉のような対応をする傾向になります。すべての取引銀行が、保守的な対応をするときは、取引先として、途方に暮れることになります。本来は、返済猶予先であろうとも、取引中の複数行は、もっと積極的になるべきです。

　とは言うものの、地域の中小企業の立場では、まだまだ、金融機関に

抗弁する空気はありませんし、忙しい融資担当者が中小企業支援という世間の空気を感じ取っているとも思われません。まして、バンクミーティングにおいては、金融機関の担当者の数が企業サイドよりも多く、金融機関の与信管理リスクや引当金の論理の方が強くなる傾向にあります。

　このような時は、金融機関の監督官庁である金融庁の施策の公表が強い味方になることがあります。金融庁のホームページにも載っている「新型コロナウイルス感染症関連情報」は、中小企業の援軍になってくれます。この情報は、中小企業の経営者などが金融機関を訪問する時や融資担当者と交渉する時においては、必ず持参することをお勧めします。

　特に、「令和2年6月10日の財務大臣兼金融担当大臣と経済産業大臣の新型コロナウイルス感染症の影響拡大・長期化を踏まえた事業者の資金繰り支援について」は、実質無利子融資や資本性劣後ローンなど、具体的な融資手法まで踏み込んで支援法が述べられており、債権者（貸し手）の融資担当者が稟議書を作成する時にも役立つものと思います。

令和2年6月10日

各協会等 代表者 殿

財務大臣兼金融担当大臣 麻生 太郎
経済産業大臣 梶山 弘志

新型コロナウイルス感染症の影響拡大・長期化を踏まえた事業者の資金
繰り支援について

　政府においては、5月27日に閣議決定し、6月8日に国会に提出した
第2次補正予算案において、事業者への資金繰り支援を更に徹底する観
点から、政府系・民間金融機関を通じた実質無利子融資の限度額の拡充や、
資本性劣後ローンを始めとする資本性資金の供給等の措置を講じている。

　新型コロナウイルス感染症の影響拡大に伴い、事業者の資金繰りに重
大な支障が生じることのないよう、これまで累次の要請を出してきたと
ころであるが、さらなる影響の拡大・長期化を踏まえて、下記事項につ
いて要請するので、適切かつ迅速に必要な対応を講じるとともに、本店・
各支店及び代理店に対して周知・徹底していただきたい。

記

1．新型コロナウイルス感染症による影響の長期化を踏まえ、既に融資
　　を実施した事業者から再度の融資相談も想定されることから、今般の
　　補正予算における拡充内容も踏まえ、丁寧な対応を行うこと。

2．持続化給付金や家賃支援給付金、雇用調整助成金といった各種給付
　　金の支給等までの間に必要となる資金も含め、事業者の実情に応じ、
　　迅速かつ積極的に支援に取り組むこと。

3．特に政府系金融機関等における融資審査については、累次にわたっ
　　て要請しているとおり、赤字や債務超過、貸出条件の変更先といった
　　形式的な事象のみで判断するのではなく、事業者の実情に応じて、最
　　大限の配慮を行うこと。

以上

5 ｜ プロラタ方式返済（借入残高比例型の返済額決定方式返済）の交渉

　新型コロナウイルス危機による経済恐慌はリーマンショックを上回る激震と言われ、政府や各金融機関とも、中小企業支援に注力しています。ある意味、ここで述べた、「メイン銀行の責任回避」や「債権者（貸し手）平等の原則」などについては、大企業のサラリーマンの金融機関内部における自己保身から生じるものであり、危機感を持った金融機関のメンバーとしては、「そんなことはない」と断固否定することと思われますが、ドラマ「半沢直樹」の本部担当者の態度を見れば、その光景から実態が想像できます。

　とは言いながら、返済猶予や条件緩和を申し込もうとする企業としては、借り手と貸し手の違いや、企業の衰退期と成長期の違いを考えて、やはり、「自分たちはまな板の上の鯉である」という心境になっているようです。金融機関は強者である貸し手であり、自分たちは弱者の衰退期企業と思い込んで、交渉している先が多いようです。

　そこで、借り手企業としては、複数の金融機関と交渉する時に、いずれの金融機関としても守らなければならないルールを習得しておく必要があります。そのルールこそ、「プロラタ方式返済（借入残高比例型の返済額決定方式返済）」であり、金融機関間の公平公正原則のようなものです。

　バンクミーティングなどで、各金融機関は自分たちが不利にならない条件などを主張しますが、とは言いながら、最も恐れることは、協融している各金融機関の支援体制が崩れてしまうことです。まして、新型コロナウイルス危機後において、金融機関が独自の融資条件を主張するあまり、貸し手金融機関が倒産のトリガーを引くこと（きっかけ）になったならば、地域からも、また金融機関の本部からも、その担当者に対する非難は大きなものになってしまいます。

　したがって、借り手企業自身が、協融金融機関に対して「プロラタ方式返済」の方向で、既に述べてきたSDGsに沿った経営理念を持って、再生の意思が強く計画作成の意向があるならば、多くの場合は、最終的には全金融機関とも支援する方向になると思われます。逆に、公平公正感のある「プロラタ方式返済」とかけ離れ、経営理念も持たないままに、経営計画の作成意欲もない企業においては、各金融機関は疑心暗鬼で支援の腰が定まらないことになると思います。そのためにも、複数金融機関と取引している企業としては、支援内容を具体的にペーパーにまとめるか、バンクミーティングを開催し、すべての金融機関に丁寧に説明することがポイントになります。

> **Q&A ⓰**
>
> 　当社の短期間（１年以内）の借入れである賞与資金借入れや仕入資金借入れの返済財源が、新型コロナウイルス危機によって、ほぼ消滅してしまいました。売上が立たなければ、現金収入がなく、仕入資金や賞与資金などの前払いした現金の回収の目途が立たないのです。設備資金や長期運転資金の返済についても、今後１年間くらいは返済財源が出て来ないかもしれません。そこで、当社はバンクミーティングを開催しました。このバンクミーティングの目的は、「A・B・C・Dの各銀行は、現状の貸出残高のまま１年間返済猶予を行ってもらい、その後、当社がその貸出残高を10年間かけてプロラタ方式で返済していくこと」です。ちなみに、今後10年の毎年の返済額は1,000万円（＝100百万円÷10年）にすることです。

（バンクミーティングの開催挨拶と議案の説明）

経営者：本日はお忙しい中を私どものためにバンクミーティングにご参加していただき、本当にありがとうございます。新型コロナ

ウイルス危機で、売上が立たないにもかかわらず、賃金や家賃の支払いが続くために、手元現預金がほとんどなくなってしまいました。そこで、退職者を募るなど人材リストラを行いましたが、退職金負担も嵩んでしまいました。もちろん、当社といたしましても、販路拡大や経費削減の努力は行って参りますが、どうしても、このキャッシュフローの悪化は銀行さんの支援がなければ乗り越えられません。私どもは、皆様方、取引銀行さんと事前に協議をさせていただき、おおむね、現状の貸出残高のまま1年間返済猶予を行って、その後に10年間かけてプロラタ返済を実施してもらいたい旨のご説明をいたしました。特に、大きな反対のご意見は承っておりませんが、その方向について、さらに詳しくお話をさせていただきたいと思い、本日のバンクミーティングを開催することにいたしました。各銀行さんには、具体的な「プロラタ方式の返済金額案」を作成しましたので、皆様のお手元に配布させていただきました。

●プロラタ方式の返済金額案

借入れ明細	金額	毎月の返済金額	銀行名	プロラタ返済額案
賞与資金借入れ	1,000万円	毎月の返済200万円	A銀行	毎年100万円
仕入資金借入れ	2,000万円	3か月後に全額一括返済	B銀行	毎年200万円
設備資金借入れ	3,000万円	毎月の返済100万円	C銀行	毎年300万円
長期運転資金借入れ	4,000万円	毎月の返済50万円	D銀行	毎年400万円
（合計）	（1億円）	（毎月返済合計350万円）		毎年1,000万円

経営者：この返済案は、現状の貸出残高1億円のまま1年間返済猶予を行っていただき、その後に10年間かけてプロラタ返済を実施

させてもらう「プロラタ方式の返済金額の案」です。もしも皆様
から、正式にご承認を得られましたならば、その後のモニタリン
グにつきましては、当初は2か月に一度、半年後からは3か月に
一度、皆様に業績やキャッシュフローについて詳細にご報告をし
たいと思っております（この返済金額案について、約30分間程度
をかけて説明する）。

　ではご質問やご意見を賜りたいと思います。

（バンクミーティングの質疑応答の概要）

D銀行：では、私から意見を述べます。私どもD銀行につきまして
は、このプロラタ返済額の案で異存はありません。毎月の返済額
が、50万円から33万円（＝400万円÷12か月）に下がりますが、
やむを得ないことと理解しています。

C銀行：D銀行さんは当然異存ないと思いますが、私どもC銀行と
しては、あの案ではD銀行さんとのバランスがあまりにも取れて
いないと思います。D銀行さんの毎月の返済額が、50万円から33
万円に下がるのに対して、われわれは100万円から25万円まで下
がってしまいます。この下げ幅は非常に大き過ぎると思いますが
……。

経営者：しかし、D銀行さんの担保に入っている不動産の時価の落
ち込みは大きく、信用貸出の部分が拡大しているとのことです。

C銀行：そうおっしゃるならば、われわれの不動産担保の時価の下
落も大きいですよ。

経営者：でも、D銀行さんの下落幅に比べれば、小さいと思います
が……？

C銀行：それならば、一度、それぞれの銀行に入れてある不動産の

鑑定評価を出してもらいたいものですね。とにかく、金融機関の与信の保全（担保・引当）を加味した上での毎月の返済額を主張されるならば、もう一度、保全された借入れと信用借入れに分けたプロラタ方式の返済金額案を出し直してもらいたいものです。しかし、今回は、新型コロナウイルス危機ですので、このプロラタ方式の返済金額案を尊重して、本部に稟議を上げたいと思います。

経営者：ありがとうございます。ぜひ、ご支援をお願いします。

A銀行：実は、私どもとしては、この「プロラタ方式の返済金額案」では、稟議の提出は難しいと思います。私どもの貸出は1,000万円ですが、すべて担保のない信用貸しです。C銀行さんやD銀行さんは担保を取られています。また、B銀行さんも2,000万円の貸出のうちの500万円が信用保証協会の保証が付いていると聞きました。これでは、各金融機関の間で平等性を欠いていると思いませんか。信用貸出ばかりの当行の貸出が、担保を取って保全が十分の他行さんの貸出と同じような支援を続けることには矛盾を感じます。

B銀行：実は、私どもも、あの案ではなかなか納得できず、A銀行さんと同じように、信用貸出は担保付貸出よりも早く返済してもらうようにお願いしたいところです。しかし、新型コロナウイルス危機ですので、今回は、1年間の返済猶予とともに、その案で、本部に稟議を出そうと思います。

A銀行：昔ならば、このような決め事は、メイン銀行さんの仕事でしたが、御社の場合は、そのメイン銀行はD銀行さんでしょうか、それともC銀行さんになるのでしょうか。

経営者：私どもとしては、ともにメイン銀行さんと思っていますが、最近では、メイン銀行さんであろうとも、債務者を通さずに、それぞれの銀行さん同士で相談ができないと聞いております。独占

禁止法に抵触するそうですね。

A銀行：とにかく、皆様も当社への支援方針は強固のようですから、私どもだけが、反対をすることは避けた方が良いとも思います。私どもＡ銀行の融資残高は、1,000万円と一番少ないことでもあり、今回は、この案にて、本部に稟議をすることにします。

（バンクミーティングの終了の挨拶）

経営者：その他に、ご質問やご意見がございますか……。では、皆様におかれましては、これから各本部に稟議を提出され、最終的なご承認を得られることになると思います。その折に、必要な資料がございましたら、ご連絡をお願いいたします。早急にお届けに上がります。では、稟議のご承認がありましたら、ご一報をお願いいたします。本日はどうもありがとうございました。

コメント

　手元の現預金が枯渇した企業としては、金融機関に資金支援を求めることになりますが、複数の金融機関と取引をしている企業への融資実行や返済猶予・条件緩和については、その融資担当者として、頭を抱えることが多いものです。担当者は、融資現場の取引先企業と融資の意思決定者である本部審査部などの上司との間で、板挟みになることが多々あるからです。取引先企業としては、返済猶予などを申請するほど業績が落ち込んでいるわけですから、取引金融機関としては融資増加や条件緩和については慎重になっており、自行庫の本部審査部などの上司は他行の支援状況の報告を欲しがります。そのために、他行の情報収集のため、借り手企業にバンクミーティングを開催してもらい、情報収集をしますが、参加する金融機関担当者は、それぞれ疑心暗鬼でなかなか円滑な情

報交換はできないものです。

　また、取引先企業の経営者や財務担当者としては、大きな組織である金融機関の内情が分からない上に、金融機関としても自行庫の内容を、取引先を通して他行には開示したくないために、取引金融機関と言えども、各金融機関の詳しい情報は取れません。さらに、金融機関も、独占禁止法の制約があるために、金融機関同士の情報交換もありません。業績が好調の時であろうとも、複数行取引の他の金融機関の情報は入手しにくいものです。

　このような環境において、取引先企業自身が、毎月の返済金額のたたき台を作成することは、実に難しく、精緻であればあるほど、金融機関間の利害がぶつかって、収拾がつかなくなります（精緻なプロラタ論争の例〈Q＆A12〉）。

　上記の事例は、単純な「プロラタ方式返済（借入残高比例型の返済額決定方式返済）」を提案しましたが、信用貸出残高比例方式、担保付き残高比例方式、預金残高方式、などなどの種々の方式を提案しても、議論はまとまりません。金融機関調整については、公平性や透明性を重視して精緻な理論値を出して、調整しようとも、なかなか上手くいきません。

　ついては、複数行調整を伴う返済金額の決定には、「借入残高比例型のプロラタ方式返済」が分かりやすいこともあり、お勧めします。

　とは言いながら、金融機関同士がいろいろ主張して、議論が紛糾したときには、「旧金融検査マニュアルの金融円滑化編チェックリストのⅢ、個別の問題点の1-ⅩⅦ」の項目を提示することをお勧めします。

（ⅹⅶ）債務者からの貸付条件の変更等の申込みがあった場合であって、他の金融機関等（政府系金融機関等を含む。）が当該債務者に対して貸付条件の変更等に応じたことが確認できたときは、当該債務者の事業についての改善又は再生の可能性等、当該他の金融機関等が貸付条件の変更等に応じたこと等を勘案しつつ、金融円滑化管理方針等に基づき、貸付条件の変更等に応じるよう適切に対応しているか。

　新型コロナウイルス危機は、当初、数週間から１か月後には解決すると思っていました。しかし、この新型コロナウイルスは２週間の潜伏期間の後に症状が現れ、死に至ることにもなり、その実態がマスコミに報道されるや、全国民が急に防疫モードになりました。緊急事態宣言によって、全面戦争の恐怖を皆が味わうようになって、感染者が減少し緊急事態宣言が解除されても、社会環境や経済社会は大きく変わるという予言が広まり、実際に、その予言が現実になってしまいました。飲食業・観光業・旅館ホテル業・イベント芸術業の売上は壊滅的な落ち込みとなり、中小企業のサプライチェーンも崩壊的になって、ほとんどの産業が痛手を受けることになりました。その新型コロナウイルス対策として、テレワーク化や３密防止が唱えられ、地域社会における医療のウエイトが高まることになりました。

　そこで、金融業界としては、返済のない融資、すなわち資本性劣後ローン・資本性融資で資金繰りに窮する企業の支援をすることになりました。

　しかし、これらの資本性融資に対する審査のガイドラインが示されないままに、本格実施されましたので、融資現場では具体的な動きが分からず混乱しています。本書では、「企業の稟議書」と私案「SDGs・ロカベン・地域情報による稟議書」という２つの稟議書で、その解決策を提案しましたが、とにかく、金融機関として「長期の据置期間のローン」や「資本性劣後ローン」などについて、早急に実務に密着した解決策が浸透することを願っています。

　一方、新型コロナウイルス危機後の金融機関自身の業務は、この危機対策である「異業種などとの業態連携」「労働スキルの多様化」「地域医

療と地元の産官学金労言士との連携」に呼応するようになってきました。たとえば、建設資材商社の搬送機能と大手洋食店の昼食デリバリー機能を金融機関の仲介で結び付け「異業種などとの業態連携」を図りました。新型コロナウイルス危機で顧客が大きく減ったドライブインの従業員に対して、金融機関が仲介して、地元のテレフォンマーケット会社が来店誘致の電話セールスのスキルを教育し、従業員はテレフォンセールス技術を身につけ、「労働スキルの多様化」に成功しました。

　また、地元の感染症対策と検査体制構築に産官学金労言士との連携を、金融機関が結び付け、「地域医療と地元の産官学金労言士との連携」を図りました。今後は、発熱外来・感染症外来インフラの設備投資や医療従事者の人的投入などのために、医療の周辺業者である医療器メーカー・医療器具商社、医療人材提供企業や建設業などへの資金投入が生じると思います。

　そして、新型コロナウイルス危機のトンネルを抜けた後には、その間、努力してきた企業が花咲くことになると思います。今までも、経済危機や金融危機の中で、歯を食いしばって乗り越えた企業が、その後に飛躍的に業績を伸ばしたケースが多々ありました。危機下の金融緩和期に調達した資金を、目先の資金繰りに捕らわれず、長期的でワイドの視野で活用したものと思います。経営理念や地域貢献に沿って、その時に調達した資金を、持続性のある社会ニーズに投入し、成長路線を定着したのかもしれません。実際、日本の中小企業は、過当競争で利ザヤが抜けず、従来の豊富な安い労働力によって何とか切り抜けてきたために、全般的に生産性が低いままでしたが、新型コロナウイルス危機後は、テレワークや3密防止による働き方改革や業務の効率化で、生産性が高まり筋肉質の中小企業が増加するものと思われます。少子高齢化で人材が少なくなろうとも、内部組織・内部統制の高度化やIT化・AI活用により、それぞれの企業の生産性が高まり、「日本経済の失われた20年、または30

年」と言われた日本のGDPの低下傾向も、上昇に転じるものと思います。

　地域における感染症医療やその周辺業務との相乗効果も加われば、さらなる成長も期待できます。新型コロナウイルス危機やその変化こそ、企業にとって躍進の起爆剤であり、現在の比較的容易な資金調達が、将来の飛躍のステップボードになるものと思われます。

　なお、本書の出版に当たり、種々のアドバイスやご協力をいただいた、株式会社ビジネス教育出版社の酒井敬男会長、中野進介社長、エディトリアル・プロデューサーの山下日出之氏には、心より感謝を申し上げます。

中村　中

〈著者プロフィール〉

中村　中（なかむら　なか）

経営コンサルタント・中小企業診断士
1950年生まれ。
三菱銀行（現三菱UFJ銀行）入社後、本部融資部・営業本部・支店部、岩本町・東長崎各支店長、福岡副支店長等を歴任、関連会社取締役。
2001年、㈱ファインビット設立。同社代表取締役社長。週刊「東洋経済」の選んだ「著名コンサルタント15人」の1人。中小企業金融に関する講演多数。
橋本総業㈱監査役
著書『地域が活性化する 地方創生SDGs戦略と銀行のビジネスモデル』『新 銀行交渉術－資金ニーズの見つけ方と対話』『事業性評価・ローカルベンチマーク 活用事例集』『事業性評価融資－最強の貸出増強策』『ローカルベンチマーク～地域金融機関に求められる連携と対話』『金融機関・会計事務所のためのSWOT分析徹底活用法―事業性評価・経営改善計画への第一歩』（ビジネス教育出版社）、『中小企業再生への経営改善計画』『中小企業再生への改善計画・銀行交渉術』『中小企業再生への認定支援機関の活動マニュアル』『中小企業再生への金融機関本部との連携・交渉術』（ぎょうせい）、『中小企業経営者のための銀行交渉術』『中小企業経営者のための格付けアップ作戦』『中小企業金融円滑化法対応新資金調達術』『経営改善計画の合意と実践の第一歩「バンクミーティング」事例集』など（TKC出版）、『融資円滑説明術』など（銀行研修社）、『信用を落とさずに返済猶予を勝ち取る法』など（ダイヤモンド社）、『銀行交渉のための「リレバン」の理解』など（中央経済社）、『中小企業融資支援のためのコンサルティングのすべて』（金融ブックス）他

コロナ危機に打ち勝つ 中小企業の新しい資金調達

2020年10月5日　初版第1刷発行

著 者　　**中村　中**

発行者　　**中野 進介**

発行所　**株式会社 ビジネス教育出版社**

〒102-0074　東京都千代田区九段南4-7-13
TEL 03(3221)5361(代表)／FAX 03(3222)7878
E-mail▶info@bks.co.jp URL▶https://www.bks.co.jp

印刷・製本／シナノ印刷㈱　装丁・本文デザイン・DTP／田中真琴
落丁・乱丁はお取り替えします。

ISBN978-4-8283-0860-9　C2034